李嘉图：自由贸易

[韩] 许 钧 著
[韩] 黄基洪 绘
李星宇 译

经典经济学
轻松读

中国科学技术出版社
·北 京·

Free Trade by David Ricardo
©2022 Jaeum & Moeum Publishing Co.,LTD.
|취|자음과모음
Devised and produced by Jaeum & Moeum Publishing Co.,LTD., 325-20, Hoedong-gil, Paju-si, Gyeonggi-do, 10881 Republic of Korea
Chinese Simplified Character rights arranged through Media Solutions Ltd Tokyo Japan email:info@mediasolutions.jp in conjunction with CCA Beijing China
北京市版权局著作权合同登记 图字：01-2022-6306。

图书在版编目（CIP）数据

李嘉图：自由贸易 /（韩）许钧著；（韩）黄基洪绘；李星宇译 . -- 北京：中国科学技术出版社，2023.5

ISBN 978-7-5046-9957-2

Ⅰ. ①李… Ⅱ. ①许… ②黄… ③李… Ⅲ. ①自由贸易—通俗读物 Ⅳ. ① F741.2-49

中国国家版本馆 CIP 数据核字（2023）第 037570 号

策划编辑	申永刚　王碧玉	封面设计	创研设
责任编辑	陈　思	责任校对	邓雪梅
版式设计	蚂蚁设计	责任印制	李晓霖

出　　版	中国科学技术出版社
发　　行	中国科学技术出版社有限公司发行部
地　　址	北京市海淀区中关村南大街 16 号
邮　　编	100081
发行电话	010-62173865
传　　真	010-62173081
网　　址	http://www.cspbooks.com.cn

开　　本	787mm×1092mm　1/32
字　　数	59 千字
印　　张	5.75
版　　次	2023 年 5 月第 1 版
印　　次	2023 年 5 月第 1 次印刷
印　　刷	大厂回族自治县彩虹印刷有限公司
书　　号	ISBN 978-7-5046-9957-2 / F・1108
定　　价	59.00 元

（凡购买本社图书，如有缺页、倒页、脱页者，本社发行部负责调换）

序言

大家好，翻开这本书的你是否听说过大卫·李嘉图（David Ricardo，下称"李嘉图"）呢？我猜大家或许在上学时接触过这位经济学家，对他的认识想必也仅仅停留在"比较优势理论的创始人"。

众所周知，亚当·斯密（Adam Smith）和李嘉图搭建了古典经济学的框架。另外，李嘉图提出的比较优势理论为"自由贸易"打下了理论基础,马克思的"劳动价值论"也曾受到李嘉图的影响。除此之外,李嘉图还建立了现代经济学基本分析框架,在假定情形下用单纯的经济模型分析现实的经济问题。

从历史来看,李嘉图最广为人知的成就是主张废除《谷物法》(*Corn Laws*)①。

1815年,英国颁布了《谷物法》,限制从欧洲进口低价谷物,国产谷物价格上涨,土地贵族因此受惠。与此同时,本国土地利润率降低,给其他产业带来了消极影响。然而,李嘉图反对《谷物法》的实施,他认为,废除该法

---

① 《谷物法》(或称《玉米法案》):指英国1815年制定的限制谷物进口的法律。规定国产谷物平均价达到或超过某种限度时方可进口。目的是维护土地贵族的利益。实施该法后,谷物价格骤贵,工人要求提高工资,外国也提高英国工业品进口税,从而损害了工业资产阶级利益。1846年,该法被废除。——译者注

律后，国产粮食价格下降，这不仅可以提高土地利润率，还可以提升工厂制造业的利润率，因而吸引他国加大在英国的投资，英国也将因此成为世界上最富裕的国家。

总而言之，自由贸易可以吸引大量外国资本，促进国内经济发展。从目前的全球化浪潮来看，李嘉图的相关理论也受到频繁引用，我们足以洞见李嘉图的伟大以及其理论的影响力。例如，与他国签订自由贸易协定（Free Trade Agreement，简称FTA）也正体现了李嘉图主张的自由贸易。

其次，李嘉图提出的比较优势理论（后人称之为"比较优势贸易理论"）认为，落后国家在所有领域都处于劣势，但只需要生产出较好的产品，与发达国家进行贸易，就能够获得利益。这个理论通过数学逻辑的论证指出，落后国家和发达国家也存在贸易的可能，并且可以实现互利共赢，可见李嘉图具有优秀的分析论证能力。

另外，李嘉图分析经济理论的方式也为现代经济学的分析方法奠定了基础。李嘉图一贯使用抽象法在各种假设中将现实经济问题单一化，再对其进行逻辑分析，通过理论的模型化来分析现实生活，这也正是现代经济学的重要方法论之一。由于李嘉图的论证逻辑多从假设展开，这种方式也因而被指责为不切实际。但我个人认为，人类生活在这个现实世界中，受到各种因素的影响，因此概括地或者准确地说明事物间的有机关系是很困难的，抑或是不可能的。我们只要一直问自己"这是真的吗"，用这样的态度去追求真理，这或许就是做学问该有的"怀疑精神"。

事实上，重要的并不是提出解释事实的正确理论，而是创造一种无限接近并探索真理的方法，这才是现代智慧的发端。我更想强调的是，对经济学感兴趣的人在初入经济学的殿堂时，需要的正是李嘉图式的揭开真理"神秘面纱"的方法。

在经济学研究上，李嘉图是一个头脑冷静的经济学家；在经济学之外，他还是一个常怀赤子之心的人。他曾为了自己心爱的女人而放弃继承遗产，并且与反对自己主张的马尔萨斯（Thomas Robert Malthus）结下了长达一生的友谊。

1823年，李嘉图在去世前夕给马尔萨斯的最后一封信中写道："即使您同意了我的意见，我对您的敬爱也不会比今天更进一步"，并把马尔萨斯列为其三位遗产继承人之一。当他人与自己的学术倾向或利害关系不一致时，有些人成了"死对头"，有些却成了一生的朋友，从这里我们也能获得诸多启示。

李嘉图作为一名经济学家，人们对他的认知不足，并且研究他的书目也不算丰富，想要把李嘉图的经济理论说得通俗易懂也并非易事。因此，我希望借助一些小说般的情节和丰富的想象力，用最简单的话讲最有趣的故事。

如果通过这本书，能够让大家对李嘉图的主张及理论稍有了解，进而对李嘉图这位经济学家产生好奇心，作为本书的作者，我也圆满完成了我的使命。

许　钧

独家访谈 | 大卫·李嘉图

"《谷物法》存废之争,当属自由贸易"

大家好,今天我们跟随李嘉图老师一起学习一下自由贸易。在我们正式开始学习之前,我们来采访一下李嘉图老师吧。

记者: 李嘉图老师您好,很高兴您能接受我们的采访,先请您给大家简单地打个招呼吧。

李嘉图： 大家好，我是大卫·李嘉图，是一名经济学家。之前被选为英国下议院议员时，就我自己的经济主张做过几次演讲，但因为我并没有在大学接受过经济学方面的教育，所以第一次在这里给大家讲经济学知识，还是有些许忐忑。紧张归紧张，今天能在这里给大家讲一讲我的经济学思想，我尤感荣幸。

记者： 李嘉图老师，您能简单描述下自己的童年时光吗？

李嘉图： 1772年4月18日我出生在伦敦，是家里的老三。我父亲是犹太人，他也是一名证券经纪人，我从14岁就开始跟着父亲做证券相关的工作了。

记者： 14岁就已经开始从事证券工作了吗？当时您还这么小呢。

李嘉图： 是的，当时还有比我更小的孩子，他们有的也在工厂或者商场里工作。和我差不多大小的同龄人的工作环境有时甚至更加恶劣，和他们相比，我还是比较幸运的。

从那时开始，我就跟着父亲学习股票、债券、房地产等业务，渐渐地对实际的经济问题产生了兴趣。

之后我爱上了一位姑娘，但她属于基督教贵格会的教徒，我家信仰的却是严格的犹太教。如果遇到这种情况，大家会如何抉择呢？是的，我为了爱情放弃了自己的宗教信仰和家族。

21岁时，我不顾家里的阻挠，离开了父母，和这位姑娘结为夫妻，开始了我们自己的生活。虽然我的父亲很富裕，但是我什么也无法继承，所以我和我妻子几乎是白手起家的。

即便是现在，我也毫不后悔我当初所做的选择。相比于遗产，我更爱我的妻子，我们还生下了8个可爱的孩子。给大家说这些，我还怪难为情的。后来我一直从事经济方面的研究，赚到的财富要比父母的财产多得多，所以一点也不后悔。

记者：那您和妻子独立生活得如何呢？

李嘉图：儿时跟着父亲学习到的证券经纪相关知识给了我一个良好的开端。虽然万事开头难，但我后来凭借着自己独特的判断力取得了一定的成绩，股票、债券、证券、房地产投资等行业均有涉及。

英法战争开始时，英国债券价格暴跌，我也恰巧抓住了这个机会，通过分析各种消息，预测以当时英国具备的强劲的海军实力，应该能击败西班牙和法国的联合舰队，我也确信拿破仑军队无法占领英国领土。

当时英国债券的价格跌了一半多，我就买进了一大批债券。最后，果然不出我所料，英国海军一举击败西班牙和法国的联合舰队，英国债券价格猛增，因此我也大赚了一笔。

记者：通过股票或债券投资赚钱的经济学家中，似乎只有您和约翰·梅纳德·凯恩斯（John Maynard Keynes）？

李嘉图：是的，但是我反对政府干涉贸易和市场，凯恩斯的主张却完全相反，他认为政

> **约翰·梅纳德·凯恩斯**
>
> 经济学家，创立了凯恩斯经济学，基于政府政策，强调增加有效需求。他反对把市场交给价格这只"无形之手"，他谈到"长远来看，我们都会死去"。代表作有《就业、利息和货币通论》(The General Theory of Employment, Interest and Money)。
>
> **亚当·斯密**
>
> 英国政治经济学家，创立了古典经济学，首次将经济学运用到理论、历史、政策。他主张，通过价格这只"无形之手"，所有经济行为都将有利于公共福利。

府应该在市场上积极作为。

记者： 那李嘉图老师是从什么时候开始正式学习经济学的呢？

李嘉图： 我妻子生病后养病休息，在这期间我到书店读书时，偶然读到了经济学的巨作，就是亚当·斯密写的《国富论》(The Wealth of Nations)。正是由于这个契机，当时27岁的我一边赚钱，一边利用空闲时间开始学习经济学，后来在1809年，我发表了第一篇经济学论文《黄金的价格》(Price of Gold），并被英国议会采纳。

记者： 不知道李嘉图老师能否介绍一下这篇经济学论文呢？

李嘉图： 想必大家都知道牛顿（Sir Isaac Newton）吧？他看到苹果熟透后从树上掉下来，从而发现了万有引力定律。大家都知道牛顿是一名物理学家，但其实他在经济方面也有所建树，他曾担任英国皇家铸币厂厂长，制定了1盎司黄金为3.894英镑的兑换标准，精确到小数点后三位。

但是在拿破仑战争时，英镑相比之前贬值了30%，英国国内物价直线上涨。

牛顿

英国物理学家、天文学家、数学家，近代理论科学的先驱人物。在物理学上，他创立了牛顿力学体系；在数学上，他创立了微积分。1691年，他被任命为英国皇家铸币厂督办，后在1699年被任命为英国皇家铸币厂厂长，负责重新铸造英国货币。

> **拿破仑战争**（Napoleonic Wars）
>
> 1797—1815年，在拿破仑一世的指挥下，法国向欧洲多个国家发起的战争的统称。随着拿破仑在滑铁卢败北，拿破仑战争落下帷幕。

其他经济学家们纷纷认为，这是国内需求爆发性增长的现象，但我持相反意见，我觉得是英国银行发行了过多英镑，这样一来，兑换1盎司黄金就需要更多的英镑。针对这种现象，我撰写了一篇文章，主张更改牛顿制定的兑换标准。

记者： 从那时起，老师就以一名经济学家的身份进入大众视线了吗？您可以讲一下当时的时代背景吗？

李嘉图： 当时，随着工业革命的不断推进，社会生产效率大大提升，生产量也大幅增加，产品的分配就成了主要问题。拿破仑战争后，各阶级利害关系激化，因此英国制定了《谷物法》，以此保护英国国内农业免受国外农业的冲击。

记者： 老师和经济学家马尔萨斯友谊深厚，但似乎曾因《谷物法》展开争论，老师您能详细介绍一下《谷物法》吗？

李嘉图：《谷物法》就是限制从欧洲大陆进口廉价粮食的法律。1815年制定该法律后，由于工业革命和人口增加等

> **《谷物法》**
> 1815年英国为抑制进口谷物而制定的法律，于1846年废除。拿破仑战争结束后，英国谷物价格大幅降低，为保护土地贵族阶级的利益，制定了该法，规定在英国粮价每夸脱[①]低于80先令[②]时，绝对禁止粮食进口。
>
> **马尔萨斯**
> 英国经济学家，代表作有《人口论》（An Essay on the Principle of Population）。他主张，人口增多会带来饥荒、贫困、道德败坏等不良问题，赞同谷物贸易的限制政策，认为应当继续实行《谷物法》。

---

① 夸脱：英国的重量单位，1夸脱约合12.7kg。——译者注
② 先令：英国的旧辅币单位。——译者注

工业革命（The Industrial Revolution）

开始于18世纪中叶，发源于英格兰，带来了社会、经济等各方面的剧烈变化。完成了从手工劳动向动力机器生产转变的巨大飞跃，人类因此摆脱了绝对贫困。

土地报酬递减

经济学用语，指在一定大小的土地上追加投入劳动力，但获得报酬的增速低于投入劳动力的增速。李嘉图和马尔萨斯认为，出现土地报酬递减现象的原因是土地面积有限。

因素，粮食需求增加，导致粮价大涨。土地贵族阶级因此获利颇丰，但农业生产经营者依旧处于水深火热之中。

禁止进口低价粮食，人们就会继续维持生产效率低下的耕作，致使土地利润率降低。此外，从长期来看，土地报酬递减和人口增长会成为英国经济发展的绊脚石，而这也正是我主张的理论核心。

我认为，只有开放自由贸易，保证粮食的自由进口，英国国内产业才能顺势发展，国家经济才能实现增长。

记者： 李嘉图老师，您的比较优势理论很著名吧？

李嘉图： 是的，但是在讲解比较优势理论前，不得不提的是亚当·斯密的绝对优势理论。

记者： 好的，那辛苦您为我们讲一讲绝对优势理论吧。

李嘉图： 在亚当·斯密提出绝对优势理论前，欧洲国家认为，黄金、白银越多，国民财富就越多。因此，他们实施了重商主义政策，鼓励出口，限制进口。

重商主义者认为，国家通过贸易获利，那么其他国家势必遭受损失。然

> **重商主义**
> 指15世纪到18世纪后半叶，西欧国家采用的经济政策和经济理论，目的在于扶持国内初创产业，保护国内市场，开拓海外市场。重商主义实施保护主义制度，限制或禁止进口，鼓励国内产品出口。

而，亚当·斯密认为，各国将具有绝对优势的产品专业化，然后再交换这些产品，社会整体财富都会增加，这就是绝对优势理论。他批判了重商主义，主张利用绝对优势来鼓励进口。

记者： 那您提出的比较优势理论有什么不同呢？

李嘉图： 在绝对优势理论的逻辑下，贸易没有存在的必要，但比较优势理论则完善了这一点。

假设，一个国家生产的所有产品都具有绝对优势，那么会出现什么情形？因为在绝对优势理论下，该国没有必要与其他国家进行交换，也就是没有必要开展贸易。对于该国来说，自行生产的效率要比贸易高得多。

但是，一个是在所有产品的生产上具有绝对优势的国家，另一个是在所有产品生产中都处在绝对劣势的国家，只要这两个国家生产并交换各自具有相对优势的产品，两国均能从贸

易中获利。这就是比较优势理论的核心内容。更详细的部分我会在后面一一讲给大家听。

记者： 想知道老师的哪些著作中用全新的理论阐述了国际分工的优势，您能介绍一下吗？

李嘉图： 我认为，国家要积累财富，应该进行自由贸易。1815年，我发表了一篇论文，题目为《论谷物低价格对资本利润的影响》（*Essay on the Influence of a Low Price of Corn on the Profits of Stock*），要求允许谷物自由贸易，进口低价谷物，以降低成本、增加利润，促进生产和资本主义的发展。

之后在这篇论文的基础上，1817年我出版了《政治经济学及赋税原理》（*Principles of Political Economy and Taxation*）一书，包含价值论和税收理论。我对亚当·斯密的劳动价值论（Labor Theory of Value）进行了彻底的研究，整理了劳动价值论和收入分配理论。

> **劳动价值论**
> 商品的价值由生产该商品的劳动决定，即生产商品所需的劳动时间决定商品价值的大小。该理论出现于17世纪，亚当·斯密和李嘉图对该理论的发展、延续做出了重要贡献。

记者： 好的，目前为止，我们听完了老师的介绍。下面我们来正式开始，请李嘉图老师为我们讲解"自由贸易"吧。

目录

第一章　自由贸易与贸易保护 / 1

韩国：对外依存度高 / 3

分工：国际贸易的原因 / 11

自由贸易政策 vs 贸易保护政策 / 19

自由贸易及贸易保护的影响 / 31

全球化及新自由主义 / 34

扩展知识 ｜ 功利主义与自由贸易 / 38

第二章　地租与利润的分配 / 43

《谷物法》的背景 / 45

利润与地租 / 51

地租率及利润率的变化 / 62

利润率下降的影响 / 67

第三章 《谷物法》存废之争 / 75

马尔萨斯：拥护《谷物法》/ 77

李嘉图的反驳 / 86

《谷物法》存废之争，谁胜谁败 / 90

扩展知识 | 废除《谷物法》的决定性契机

——爱尔兰马铃薯大饥荒 / 93

第四章 绝对优势理论与比较优势理论 / 99

亚当·斯密的绝对优势理论 / 101

机会成本与比较优势理论 / 113

比较优势理论与交换比例 / 123

比较优势理论的局限性 / 135

扩展知识 |《星际争霸》与机会成本 / 143

扩展知识 | 劳动价值论 / 147

结语 通过自由贸易积累国民财富 / 151

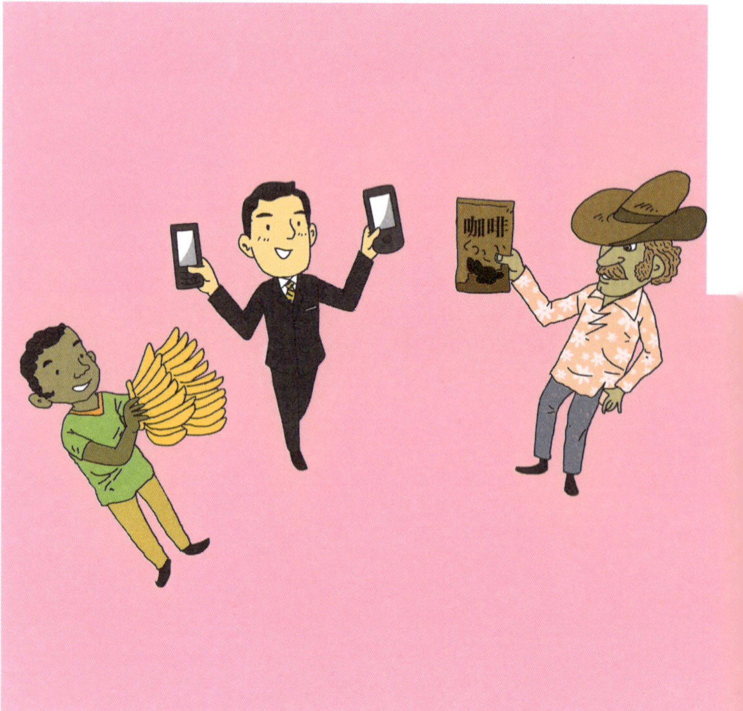
咖啡

第一章

自由贸易与贸易保护

世界上每个国家的自然环境、社会环境都各不相同,因此需要彼此交换产品,从而产生国际贸易。

韩国：对外依存度高

想必大家都不喜欢闷头只看眼前的情况，就像我当初开始学习经济学一样，我们来放眼一下世界，看看周边国家的现实经济情况，第一站是韩国的仁川港。

一眼望去，韩国仁川港满满的都是装着出口产品的集装箱，这些集装箱被运输到世界各地。在国际贸易中，集装箱的使用时长不过50年。随着人们研发出标准规格的钢制集装箱，

出口汽车的排列场景

不需人力就可以将货物轻而易举地运送到货车或轮船上，此后全球贸易以划时代的方式飞速发展。这个盒子模样的集装箱为全球贸易做出了巨大贡献，大家是否对此感到惊讶呢？

图中的出口汽车整整齐齐排成一列又一列。其中，最大的汽车运输船（Pure Car and Truck Carrier，简称 PCTC）一次性可以装载 8000 多辆汽车，据说它只比公寓大一点，大家能想象它有多大吗？

这就是本章的内容——国际交易，即

外贸。

> 外贸依存度是指一国的进出口总额占该国国内生产总值的比例。韩国国内资本不足,国内市场狭小,一定程度的投资资本来源于海外,依靠出口扩大经济规模。若外贸依存度过高,则受海外经济变动的影响较大。

下面来具体看看韩国的外贸状况。自古以来,韩国地下资源不足,需要从海外进口原油、铁矿石等。为了进口本国缺少的自然资源,韩国需要赚取外汇,在经济发展初期,韩国只能以出口为中心进行经济开发。韩国经济脆弱,因此外贸依存度较高,可以说国际贸易占据举足轻重的地位。

20世纪90年代,韩国的外贸依存度不超过60%,但之后每年都在急速上升,当时曾有预测指出,韩国2011年第一季度的外贸依存度会飙升至97.4%,如图1-1所示。

也许有读者会问,外贸依存度超过90%是

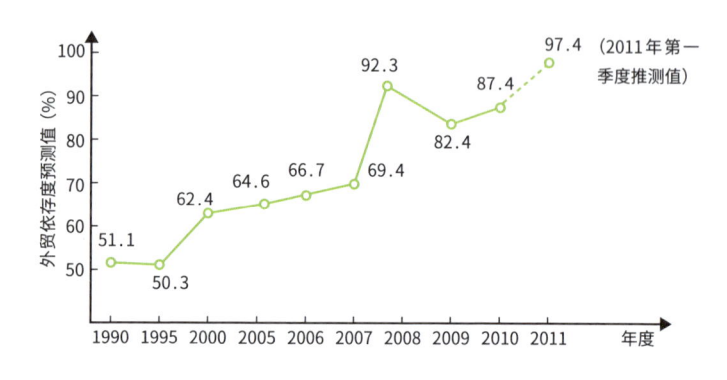

图1-1 韩国外贸依存度趋势

来源：韩国企划财政部等。

什么水平呢？我们对这个数据没有什么概念。

大家可以想象一下，美、英两国的外贸依存度只有20%左右，日本则更低，为15%~19%。我们来看一下二十国集团（G20）成员国，观察其进口、出口总额占国内生产总值的比例，会更容易理解外贸依存度的水平。从表1-1中可以看到，韩国的进口和出口总额占国内生产总值的比例均位居第一。

韩国外贸依存度居高不下,也受到对外经济条件带来的诸多影响。与此同时,虽然中国和韩国情况不同,我们也需要对此多加了解。

表1-1 二十国集团成员国的出口、进口占比[1]

排名	国家	出口占比	国家	进口占比
1	韩国	43.4	韩国	38.8
2	德国	33.6	墨西哥	28.1
3	墨西哥	26.2	德国	28.0
4	中国	24.5	南非	25.4
5	俄罗斯	24.4	加拿大	24.6
6	加拿大	23.4	沙特阿拉伯	24.3
7	印度	22.1	土耳其	22.9

> **二十国集团(G20)**
> 二十国集团由二十个国家的首脑或财务长官、中央银行行长组成,旨在应对世界经济问题,寻找解决之策。字母"G"是团队"Group"的首字母,数字"20"代表成员国数量。

[1] 此处因数据缺乏,缺少沙特阿拉伯的出口占比数据和俄罗斯的进口占比数据。

第一章 自由贸易与贸易保护

（续表）

排名	国家	出口占比	国家	进口占比
8	南非	21.7	英国	22.2
9	意大利	19.1	法国	20.9
10	阿根廷	18.2	中国	20.5
11	法国	17.8	印度	19.8
12	土耳其	16.6	意大利	19.5
13	英国	16.3	印度尼西亚	17.2
14	澳大利亚	15.6	澳大利亚	16.6
15	欧盟	14.4	欧盟	14.0
16	印度尼西亚	12.8	阿根廷	13.5
17	日本	11.4	美国	11.4
18	巴西	9.7	日本	10.0
19	美国	7.5	巴西	8.5

来源：韩联社，2010年9月13日。

韩国的进出口额都很大，那么大家是否好奇韩国主要出口哪些产品呢？我们一起来仔细看一下。

在20世纪60年代初期，韩国资本不足、技术落后，当时韩国主要出口钨、石墨、铁矿石等天然矿物，以及从蚕茧中抽取的生丝，还有各种水产品。20世纪60年代中期，韩国政府推出出口短平快政策，韩国开始出口工业品。1979年初开始，韩国主要出口轻工业产品，这种产业需要大量劳动力，因此也被称为"劳动密集型产业"。

> **出口短平快政策**
> 韩国国内经济疲软，销售下滑，韩国政府为提振销售、增加出口，实行了出口短平快政策。从20世纪60年代开始，韩国在汽车、造船、机械、半导体等领域的发展取得了显著成就。
>
> **劳动密集型产业**
> 劳动密集型产业是指在生产过程的要素投入比例中，劳动力投入占比大于资本的产业；相反，资本投入占比大于劳动力的产业则为资本密集型产业。

假发产业就是当时的劳动密集型产业之一。韩国卖麦芽糖的商贩们为了制作假发，推着手推车走遍全国各地，购买制作假发的头发。因此，也有许多女性含泪剪掉长发，换取父母的医药费、弟弟妹妹的学费或者是丈夫的酒钱等，这样的情节也常常出现在韩国小说或电视剧中。给大家讲一个有趣的小故事吧，20世纪70年代，韩国还出口过尿液。

说到这里，大家兴许会疑惑，"啊？还出口了尿？"又或者是"不是吧？尿能用在哪里？"准确来说，韩国出口的不是完完全全的尿液，而是从尿液中提取的一种名叫"尿激酶（Urokinase）"的物质，这种物质可以用来治疗痛风等疾病。其主要流程是先在高速巴士客运站或者火车站的公共厕所中设置集尿桶，收集尿液，再从这些尿液中提取尿激酶并出口。

除此之外，在20世纪70年代初期，鞋、纤维、胶合板等都是韩国的主要出口产品。通过轻工业的发展，韩国积累了一定的资本，之后，随着出口结构的改善，出口产品的种类也发生了许多变化。

随着资本的积累、技术的成熟，到了20世纪80年代，韩国也开始出口服装、钢铁板、鞋、船舶等产品；90年代开始出口半导体、汽车等。之后韩国出口产品品种不断增多，出口规模也逐渐扩大。进入21世纪后，半导体、汽车、石油制品、船舶、手机、钢铁等高附加值产品则成了韩国主要的出口产品。

分工：国际贸易的原因

上节内容中我们观摩了韩国的国际贸易，现在来讲一下理论层面的内容吧。请大家思考一下这两个问题：什么是国际贸易？为什么会发生国际贸易？

《鲁滨逊漂流记》中，鲁滨逊·克鲁索

（Robinson Crusoe）独自生活在无人岛上，自己制作所需的所有物品，这种自己生产、自己消费的方式就叫作"自给自足经济"。但放眼现在，可以说没有一个人是自给自足的，因为我们并不是居住在无人岛上，我们每天都和他人保持着各种联系，我们需要与他人交换自己生产的产品或服务，以此来维持生活。

可能会有人感到不解，"交换又是怎样进行的呢？"

我们来看一下。一位渔民一直居住在海边，所以只能钓到鱼，如果他想吃山上的野菜，那么他应该怎么办呢？他是不是应该找到想吃鱼的人，用鱼来换那个人的野菜就可以了？这种行为就是"交换"。换句话说，交换就是用自己手中的东西换取别人拥有的东西。

前面提到，韩国的外贸依存度较高，所以必须进行国际贸易。贸易也是这个道理，基本上来说，国内贸易和国际贸易都具备一个类似的特性——交换。如果交换发生在两个不同国家的人之间，就是国际贸易。

当然，国内贸易和国际贸易也有不同之处。由于各国法律、政治制度的限制，资本、劳动等生产要素的交换和流动并不容易，另外，各国使用的货币也不同，因此在国际贸易中，交换会遇到各种各样的阻碍。除此之外，和国内市场相比，国际市场的距离更加遥远，还需要考虑产品的运输、储存。

因此，为了实现国内、国际贸易，人们必须分担不同的工作，也就是"分工"。分工可以发生在一个工厂内部，也可以发生在人与人之间、产业与产业之间，也可以是国家之间。在阐述分工方面，亚当·斯密在《国富论》中列举的图钉工厂的例子非常典型。

一个工人，假设没有接受过和制造图钉相关的培训，不管这个人多么用功，别说一天做20个图钉了，就是1个估计也很难办到。但是，现在我们将制造图钉的过程细分为多个独立的工序。第一个人拿铁丝，第二个人把铁丝扶正，第三个人把铁丝剪下来，第四个人把铁丝修剪得尖尖的，第五个人把铁丝的另一段磨平，便于和图钉顶端接合。

另外，我们可以将制作图钉顶端的过程也明确地分

亚当·斯密

为2~3个部分。将图钉顶端和中间部分制作完成后,还需将两者接合在一起,再在图钉上涂上白色的颜料,还需要将制作完成的图钉插在厚厚的纸板上。最后,要完完整整做完一个图钉,需要18道工序。在某些图钉制造厂,每个工人承担不同的工序……我曾考察过一个仅有10位工人的小规模制造厂,这家工厂正是采用了专业化的劳动分工,虽然工人数量不多,但平均每个工人一天能生产4800个图钉。

——亚当·斯密,《国富论》

如以上例子所述,在图钉工厂中,工人们只承担交付给自己的工作,这种分工也被称为"技术分工"。通过技术分工,将工厂内部工作分成各个工序,可以提高工厂生产效率。实际上，在工业革命后，分工在提高生产效率上发挥了重要作用。

像这样在一件产品的生产过程中进行技术分工，有什么优点呢？进行技术分工后，工人们只需要重复执行一项工作，因此对自己负责的工作会更为熟练，可以减少熟悉其他工序的时间。除此之外，工人们经过专业化，每天重复同样的工作，熟练之后，他们会自行想出提高工作效率的方法。

划分工厂内部的生产流程是一种分工，除此之外，个人和集体专门负责一件产品的生产，这也是分工，即"社会分工"，也可以称为"专业化"。例如，渔夫只负责

> 在交换活动活跃的社会中，每个人可以专注于生产自己可以做好的产品。人人集中于一个领域的工作，实现专业化，提高生产效率，从而使得经济主体间的依赖性进一步增强。

捕鱼，这就是社会分工。

在专业化后，相比于生产更多种类的产品，一种产品的生产数量会更多。当然，这种专业化只有在交换的前提下才能实现，如果不能进行交换，那么渔夫每天只能吃鱼，农夫只能吃大米。这样一来，难道矿工要吃铁矿石或者煤炭吗？

现代社会中，人们可以通过交换来购买自己所需的物品。毫不过分地说，如果没有交换，人们很难维持现有的生活。家里的所有物品，包括衣服、鞋子还有背包等，都是用钱换来的别人制作的物品，这些物品不仅有本国生产的，而且有其他国家生产的。近年来，互联网科技越来越发达，在这个巨大的市场下，和以前相比，我们与他国的交易似乎更自由，也更活跃。

> 每个国家的生产要素不同，劳动、资本、土地等的数量与质量都不相同，且各国的技术水平也有差异，因此，为了使用本国无法生产的产品，就需要进行贸易。

世界上每个国家的气候、水土、自然资源等自然环境以及资本、劳动、生产技术等社会环境各不相同，因此生产能力也会出现差异，各国需要彼此交换产品，从而产生国际贸易。

自由贸易政策 vs 贸易保护政策

由李嘉图提出的理论可知，通过自由贸易，贸易双方实现共赢，可以增加国民财富。那归根结底，自由贸易是什么呢？顾名思义，自由贸易是指个人不受国家干涉，可以自由地与其他国家进行贸易。

在国家干涉贸易的行为中，对进口商品征收关税（Tariff）最具代表性。除此之外，国家鼓励出口也是对贸易的一种干涉。国家通过各种这类方

关税
关税是指对进口产品或服务征收的税金。通过征收关税，可以提高产品价格，减少进口量，增加国家税收收入。

第一章　自由贸易与贸易保护 ◆ 19

法来干涉国际贸易的行为是"贸易保护",是"自由贸易"的反义概念。

在前面我们知道了贸易的概念,两国能够从国际贸易中获利。但是仍然有很多人主张,自由贸易会导致国民财富流向海外,为了积累国民财富,应该实行贸易保护政策,限制进口。诚然,李嘉图的观点和他们大相径庭,因此双方就这一点展开了多次讨论。

到底是自由贸易更好,还是贸易保护更好呢? 17世纪后,开始形成民族国家。现在我们一起来看看那个时期,从头了解一下当时大家对自由贸易与贸易保护的不同意见。

在中世纪,很多国家相信,积累金银等贵重金属才能增加国民财富。因此,这些国家为了确保本国利益,在与他国的贸易中实行鼓励出口、限制进口的政策。

为了扩大出口,各国积极地参与到国际贸易中,开拓新航线和新市场,还对进口产品征收关税,或者限制进口产品数量,这些政策统统称为"重商主义政策"。

重商主义政策是贸易保护政策的形态之一,希望通过限制进口来增加国民财富。例如,英国出台的《谷物法》也是为了保护英国国内农业而限制进口谷物价格。因此,可以将这些政策视为贸易保护的一种形式。

此外,与贸易保护完全相反的概念则是自由贸易。自由贸易的思想由亚当·斯密、李嘉图,还有功利主义者杰里米·边沁

夜警国家论
夜警国家论是近代自由主义国家观,把国家的职能限定为保卫国家、保护财产、维护一定的公共事业等方面,经济方面不需要国家过多干预,交由个人自由处理。

杰里米·边沁

杰里米·边沁是英国伦理学家，他认为，人类的行为完全以快乐和痛苦为动机，人生目的应该是"为绝大多数人获得最大幸福"，为了提升幸福，应当自由放任经济的发展。

自由放任主义

自由放任主义是18世纪的一项重大政策，主张国家、政府不干涉个人的经济活动，让经济自行其道。

（Jeremy Bentham）等人为中心得到了系统化。在前面的采访中李嘉图也提到了他的精神导师——亚当·斯密，他在《国富论》中主张，个人自由经济没有国家的控制和干涉，能够最大幅度地提升个人和社会财富。这种思想被后世称为"自由放任主义"和"夜警国家论"，由于这种论点正面批判了重商主义政策，因此受到了颇多社会思想的冲击。当然，一些资本家从外国进口原料，将其加工后再出口，他们对亚当·斯密的主张表示强烈支持。

亚当·斯密还特别强调，美国不能出于保护国内产业就对英国产品征收关税，并激烈批判了美国的贸易保护政策。

美国的这一贸易保护政策是由1791年美国首任财政部长亚历山大·汉密尔顿（Alexander Hamilton）实行的。当时正值美国国库空虚之际，为了确保美国独立、发展民生经济，他提出了一系列贸易保护的措施，利用关税、补贴政策、免税等手段，积极保护本国产业发展。现在，美国站在全球化的浪尖，强调自由贸易的重要性，而在那时，为了保护国内产业却最先实施了贸易保护政策。

> 贸易保护政策的典型方式就是设置关税，而非关税壁垒则在限制进口方面采取的除关税以外的所有措施，例如进口配额制，指在配额内征收较低关税，超过配额的部分则征收较高关税。

> **亚历山大·汉密尔顿**
> 亚历山大·汉密尔顿是美国政治家,在美国独立战争中担任乔治·华盛顿的副官,与约翰·杰伊(John Jay)和詹姆斯·麦迪逊(James Madison)共同发表的论文《联邦党人文集(The Federalist Papers)》,成为了解美国政治思想的宝贵资料。

像美国这样的国家应当保护国内产业,直到它们能自食其力。

——亚历山大·汉密尔顿

虽然美国国内对自由贸易和贸易保护政策也存在争议,但随着美国北部在南北战争(1861—1865年)中取得胜利,亚历山大·汉密尔顿作为美国财政部长,继续维持着美国的贸易保护政策。那么,美国南北战争的导火索又是什么呢?实际上,南北战争前夕,南部人希望向英国自由出口棉花、谷物等,而北部人则希望实行贸易保护，保护国内产业，由此引发了战争。

19世纪初期，德国出现了以弗里德里希·李斯特（Friedrich List）为中心的民族贸易保护主义，他认为，无论落后国家如何发展，都会出现经济无法发展、国民财富流向发达国

家的现象。因此，国家应当对产品质量、生产技术都遥遥领先的英国征收进口关税，来发展本国的幼稚工业（Infant Industry），促进国家和民族的发展。幼稚工业就是发展初期需要较多生产费用、竞争能力尚弱，但将来会具备一定竞争力的新兴工业类别，"幼稚"就是婴儿的意思。

因此，弗里德里希·李斯特的理论实际上既肯定了亚当·斯密的自由放任主义，又反对了自由贸易理论。

> **弗里德里希·李斯特**
> 弗里德里希·李斯特是德国经济学家，1841年出版《政治经济学的国民体系》（The National System of Political Economy）一书，批判了亚当·斯密的自由主义经济，主张旨在孕育国内市场的贸易保护理论。

> **幼稚工业**
> 幼稚工业虽然未来具备发展潜力，但现处于现阶段的试验阶段，不具备国际竞争力。通过关税政策，给予幼稚工业以保护，提高竞争力。

……通过关税和航海限制，英国的产业和运输业发展到了其他国家无法与之竞争的程度，但抽去自己发展的梯子——政策及制度，并对其他国家强调自由贸易的优势。英国能做的就是用忏悔的口吻宣布，自己才意识到一直以来走的是条"歪路"，现在才领悟到自由贸易的价值。

——弗里德里希·李斯特《政治经济学的国民体系》

19世纪70年代初，随着欧洲农业陷入萎靡状态，欧洲经济出现了"大萧条"（1873—1896年）。德国和奥地利证券市场崩溃、企业倒闭，国家也陷入经济困境，这一现象扩散到了整个欧洲地区以及美国，这就是金融危机的开端。

"大萧条"之下,大部分欧洲国家从自由贸易政策转向实行贸易保护政策。金融危机前,各国根据国情采取贸易保护政策,但被金融危机席卷之后,整个欧洲地区均开始实行贸易保护政策。此后,为了争夺殖民地,强国间的矛盾不断升级,因为殖民地既是天然的原料产地,也是产品的销售市场。图1-2为19世纪和20世纪初全球贸易占比变化。

各国为维护本国利益,展开了激烈的贸易保护战和殖民地争夺战,该情形一直持续到第一次世界大战。

第一次世界大战后,各国经济重获生机,并于20世纪20年代迎来了繁荣。与此同时,全球贸易秩序重回自由贸易格局。然而,这也

19世纪全球贸易占比情况
- 英国 32%
- 美国 23%
- 德国 13%
- 法国 10%
- 俄国 4%
- 其他 18%

20世纪初全球贸易占比情况
- 美国 39%
- 苏联 25%
- 英国 7%
- 德国 4%
- 法国 3%
- 其他 22%

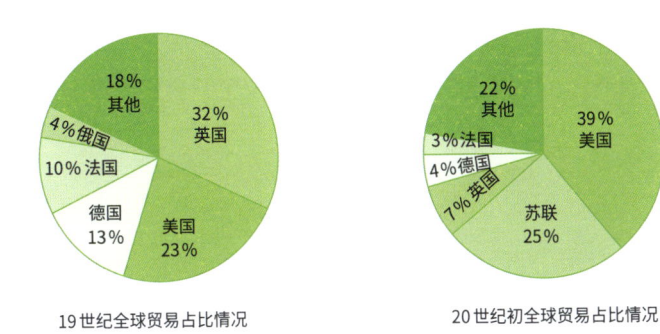

图1-2 19世纪和20世纪初全球贸易占比情况变化

只是暂时的，1929年世界经济大危机爆发，这是历史上最严重的周期性世界经济危机。此后，贸易保护政策再次抬头。

> **1929年世界经济大危机**
> 1929年10月24日，位于美国纽约华尔街的纽约证券交易所股票暴跌，大危机由此开始。紧接着的是物价剧降、生产萎缩、经济瘫痪，一直持续到1939年。

第一次世界大战在欧洲爆发后，美国享受着"战争红利"，向处于战争中的欧洲出口军需品及生活必需品，积累了大量财富，成了世界

第一章 自由贸易与贸易保护 ◆ 29

第一经济大国。随着战争的结束，这一红利也烟消云散。第一次世界大战期间，美国大量扩张生产设施，战争结束后，生产的产品无处可卖，库存积压，企业破产，最终在1929年10月24日美国股价崩盘。

直到1939年，全球经济一直处于经济大萧条的泥潭中，各国再次实行贸易保护政策，保护本国产业发展。

简而言之，在英国最先开展工业革命后，为谋求国民经济的进一步发展和繁荣，以英国为中心，自由贸易在国际贸易中广泛发展。亚当·斯密和李嘉图，以及众多学者都为自由贸易理论提供了理论基础。

由于各国经济状况存在差异，再加上全球经济危机的爆发，在自由贸易理论发展的过程中，也有国家实施过贸易保护政策。但自从亚当·斯密的《国富论》出版以来，国际贸易秩序一直以自由贸易为主。

自由贸易及贸易保护的影响

现在，我们来看一下实施自由贸易和贸易保护政策的条件吧。首先，我们需要了解自由贸易背后的进出口增加对国家经济的影响。

出口增加，相应地，生产该出口产品的企业会增加，与此相关的产品产量也会增加。因此，随着与出口相关的产品产量提升，就业率也随之增加，最终国民收入增加。然而，出口增加也是一把"双刃剑"。出口增加也会带来一个问题，即需要进口更多原材料来生产出口产品。

那么，如果进口增加，会出现何种情形呢？进口增加，国内产品被进口产品所替代，国内生产就会减少。如果生产减少，就业量就会降低，最终导致国民收入减少。也正是因为这一点，有人倡导实行贸易保护政策。

但进口带来的并不只有负面影响，国内原材料短缺时，进口可以刺激国内生产，提升国内产品在与进口产品竞争时的优势，随着国内产业竞争力的提高，产品出口量进一步增加。另外，进口产品增多，本国国民的选择范围变大，产品价格也会下降，国民能够购买到更多物美价廉的产品，即国民生活更为富裕。

因此，自由国际贸易不仅能推动本国自身发展，也能促进全球经济增长，从这一点来看，这是极具意义的经济政策。但至今为止，仍不存在只实行自由贸易的情况，学者们各执一词，有人高举"自由贸易"的大旗，有人则是"贸易保护"的忠实拥护者。

假设，某些国家刚开始发展新兴产业，且市场规模较小，那么在该产业发展壮大之前，国家限制进口，可以保护该产业，有助于扩张市场。虽然国家可以通过实施自由贸易政策来提高该产业的竞争力，但也可能受到优质、低价的进口产品的排挤，最终导致本国产业破产。

即便如此，李嘉图仍然认为，相比于贸易保护，自由贸易才能给全球经济带来更丰厚的利益。也正是由于贸易保护政策，国家丧失

> 每个国家的发展阶段不同，自由贸易的利益就会有所差异。为了保护竞争力较弱的本国产业和国家经济，部分国家会实行贸易保护政策。但长远来看，贸易保护政策会削弱本国产业竞争力，导致国家整体产业的产量下滑，最后国民财富减少。

第一章 自由贸易与贸易保护 ◆ 33

竞争力，最终在国际竞争中处于落后位置。

全球化及新自由主义

如今，很多人将现代经济体系的特征概括为"全球化（Globalization）"或"新自由主义（Neo-liberalism）"。全球化是指不分国界，共用全球通用的标准、规范、价值观，也就是说，运用全球范围内广泛认同的标准或准则，使国家间的交流更为顺畅，促进彼此的理解。

新自由主义认为，通过自由贸易来实现经济增长更为重要，自由的市场

> 除产品外，服务、劳动、资本等生产要素均在各国自由流通，全球化带来广泛市场的同时，也让人们感到激烈竞争带来的负担。因此，经济的未来在于能成功掌握全球化浪潮。

新自由主义

新自由主义是指批判国家介入自由市场，重视市场的可能性及民间的自由活动。20世纪70年代后，该思想对引入凯恩斯理论的修正资本主义提出批判，并正式主张经济层面的自由放任主义。

会有效利用资源,政府应当减少对市场的干涉,主张废除贸易保护主义。可以说,新自由主义一词来源于亚当·斯密的自由放任主义思想。

众多国家以全球化和新自由主义思想为基础,希望通过积极的市场开放和自由贸易获得利益,并同他国展开了协商,世界贸易组织(World Trade Organization,简称WTO)就是在这一基础上成立的具有代表性的国际机构。

世界贸易组织拥有前所未有的强大影响力。在此之前,世界贸易秩序是根据"关税及贸易总协定"(简称"关贸总协定",General Agreement on Tariffs and Trade,GATT)制定的,各成员国希望建立一个更加综合性的机构,后经过乌拉圭回合谈判,于1995年1月1日正式成立世界贸易组织(以下简称"世贸组织")。

世界贸易组织

一个代替"关税及贸易总协定"的组织,建立国际贸易秩序,致力于继续乌拉圭回合谈判的未尽议题。截至2008年,共有153个成员国,总部位于瑞士日内瓦。

关税及贸易总协定

关税及贸易总协定是以消除所有非关税壁垒为基本原则,为最终实现真正的自由贸易而签订的国家间协议。通过多方磋商,降低关税、消除非关税壁垒。

乌拉圭回合谈判

1986年9月,116个国家代表在乌拉圭的埃斯特角城进行了谈判,旨在全面改革多边贸易体制,消除贸易壁垒,谈判于1994年结束。

自由贸易协定

个别国家之间为促进相互贸易,相互取消货物的关税,推动货物和服务的自由贸易的协定。

世贸组织是自由贸易的代表性国际组织,具有调解国家间贸易纷争的判决权和强制执行权。

世贸组织是可以干预所有国家贸易的国际机构,除此之外,还存在国家之间签订的自由贸易协定。

两国或多国间签订自由贸易协定后,通过该协定,相互取消绝大部分货物的关税和非关税壁垒,抑或是降低关税,签署国间的贸易则会更加活跃。

考虑到经济环境和经

济发展阶段的差异性，即便不能断言自由贸易对国际经济只有积极影响，也不可否认，国际经济一直在自由贸易的大框架下不断发展。

扩展知识

功利主义与自由贸易

19世纪中期,在英国出现了"功利主义"的社会思想,将实际功效(utility)看作价值判断的标准,它认为人类时刻具有追求快乐、避免痛苦的本性。因此,在"功利主义"的逻辑下,一种行为如有助于增进幸福,则为正确,若导致出现和幸福相反的感受则为错误,这种

功利主义

(Utilitarianism)

功利主义是在19世纪中期以英国的约翰·穆勒(John Mill)、杰里米·边沁等人为中心形成的伦理学说,以实际功效或幸福作为价值、道德的判断标准。功利主义认为,个人以利己之心为前提追求快乐和幸福,这与亚当·斯密和李嘉图主张的经济自由主义相一致。

将行为的错与对作为快乐的基准即"功利原则（Principle of utility）"。

19世纪初，英国功利主义者主张废除《谷物法》，宣扬自由贸易，这种思想常常被当作自由主义经济改革的背景。亚当·斯密认为个人的利己之心是改变世界的动力，这种自由主义思想和功利主义思想是一脉相承的。

亚当·斯密曾说，我们的晚餐并非来自屠宰商、酿酒师和面包师的恩惠，而是来自他们对自身利益的关切。功利主义的主张和亚当·斯密所主张的经济原理一样，其前提都是追求快乐和幸福的利己之心。

我们来听一下功利主义的代表学者杰里米·边沁和约翰·穆勒是怎么说的吧。

为绝大多数人获得最大的幸福，即当个人所做的选择会影响其他人时，我们应当选择让所有人的总体快乐值达到最大化的替代性方案。

——杰里米·边沁

唯一称得上是自由的，就是只要不妨碍他人追求幸福，我们能自由地以喜欢的方式追求自己的幸福。

——约翰·穆勒

功利主义者们的主张以"绝大多数人获得最大的幸福"为目标，他们同亚当·斯密、李嘉图一样，强调通过自由贸易来增长国家整体利益，让大多数人获得幸福。

我们国家的劳动力过剩，但石油却一滴不剩！
贵国能卖给我们一些石油吗？我们可以给你们假发还有鞋子！
好主意！
石油
这就是国家间通过分工形成的贸易。
老师，分工是什么呢？
分工就是把工作分成不同的工序，是专业化的生产方式。
拿铁丝
展铁丝
剪铁丝
磨铁丝
分工不仅仅存在于工厂内部，也存在于产业间和国家间。
我给你毛呢，你给我金子！
别光顾着卖啊，也给我们点粮食啊！
我们信奉贸易保护主义，不进口。
国家过分干涉市场自由了。
霉运的前兆
这群人怎么一窝蜂来了！
自由贸易！
进口增加推动国内生产！
进口增加还提高国内产业竞争力！

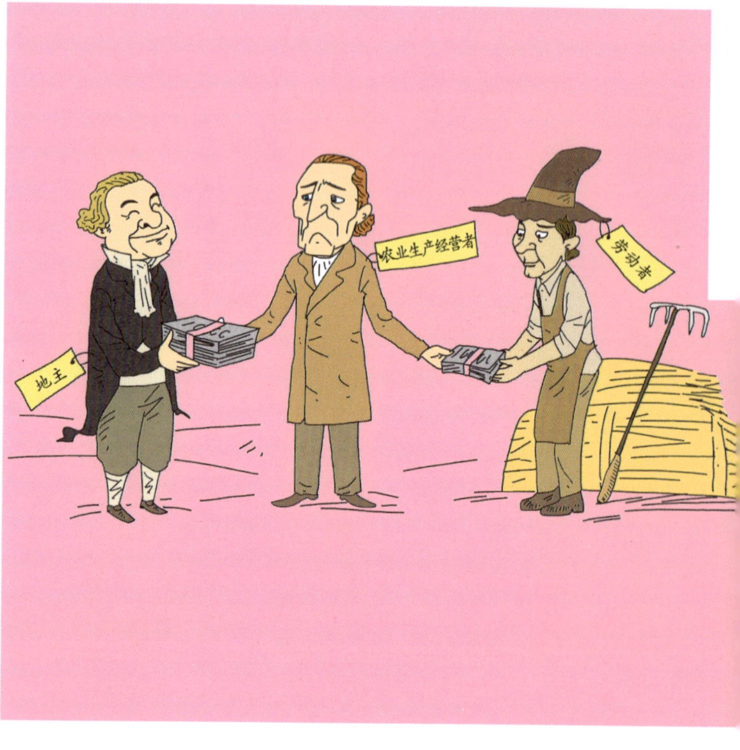
地主
农业生产经营者
劳动者

第二章

地租与利润的分配

谷物价格上涨并不是由于支付了地租,然而,支付地租却是因为谷物价格昂贵。

《谷物法》的背景

在前面我们从分工、交换、国际贸易产生的原因讲到自由贸易、贸易保护这一系列复杂的问题，大家是否还记得《谷物法》这一贸易保护政策呢？一直以来，李嘉图主张自由贸易，认为应当废除《谷物法》。接下来提到的地租及利润分配将进一步推动《谷物法》的废除。

下面我们来详细看一下《谷物法》吧。

《谷物法》是指对外国进口的谷物征收关税，或者禁止进口一定价格以下的谷物。该法律的由来虽可以追溯到12世纪，但主要是从18世纪末英国粮食不足开始，当时拿破仑在欧洲实施"大陆封锁令"封锁了英国产业。

那时英国将进口羊毛制成毛织物，从东印度公司和美国进口棉纱，将其制成棉织品，并把毛织物和棉织品一同出口到欧洲，赚取了巨大利润，英国的纺织工业堪称全球第一。

英国的纺织品在法国也获得了相当的人气。当时英国产的平纹布（Muslin）广受巴黎女人们的青睐，也正是因为穿了这种面料制成的衣服，拿破仑曾与妻子约瑟芬闹得不愉快。从这里我们也能够窥见英国纺织业的巨大影响力。

拿破仑当时在欧洲发动战争，为了在经济上对英国进行封锁，他禁止了欧洲大陆国家同英国的所有贸易，这就是拿破仑的"大陆封锁令"。

大陆封锁政策的第一道法令就是"柏林敕令"，于1806年在柏林签署发布。自此，英国的出口之路连同从欧洲大陆的进口都被禁止，之前进口的大批粮食价格暴涨。

平纹布
平纹布是由棉纱织成的白色布料，质地坚牢，表面平整，没有经过漂白，名称源于首次制造该布料的城市——伊拉克的摩苏尔。

柏林敕令
柏林敕令是1806年拿破仑一世为封锁英国而颁布的敕令，以扼制英国为目的。该敕令不仅给英国带去了痛苦，也让拿破仑一世统治下的各国陷入困境。

拿破仑实行的封锁政策给欧洲各国带来了负面影响：欧洲大陆无法进口英国生产的物美价廉的棉布；原先向英国出口谷物的农民无法继续出口等。封锁禁令

拿破仑一世的妻子约瑟芬

不仅扰乱了人们的日常生活,也让农民们叫苦不迭。

在拿破仑的严苛政策下,俄国违反大陆封锁令,私下与英国进行贸易。对此,拿破仑怒不可遏,他御驾亲征,远征讨伐俄国。在远征路上,由于俄国的严寒天气以及传染病,拿破仑军队最终惨败,法国逐渐由此走向没落。

1815年,拿破仑在俄法战争中战败,大陆封锁令解除,欧洲大陆的低价粮食进入英国,英国粮食价格下降。随着英国粮价走低,英国土地贵族和农业资本家收入减少,又衍生出了新的问题。1815年2月，他们利用占据下议院绝大多数议席的优势，制定了《谷物法》，规定只有本国小麦价格超过每夸脱80先令时[1]，才准许进口谷物[2]。《谷物法》旨在限制进口低价谷物，保护国内的拥有土地的贵族。

虽然取消了大陆封锁令，但是英国本国出台了《谷物法》，限制谷物的进口，因此英国国内的谷物价格非但没有下降，反而持续保持高价。

那么，又是谁制定的《谷物法》呢？农业资本家专门从事地租和粮食种植，《谷物法》就是他们通过下议院向议会进行疏通的结果。因此，俄法战争后，土地贵族和农业资本家们的

---

[1] 英国的旧辅币单位。——译者注
[2] 当时小麦价格一般为50~60先令。——译者注

利益得到了持续保障，但劳动者却需要高价购买粮食。此外，由于粮价居高不下，城市里的劳动者们只能要求提高薪资，有工厂的资本家们也为此伤透了脑筋。直到1846年，英国才废除了《谷物法》，三十多年间英国一直限制进口低价谷物。

利润与地租

通过前面的介绍，想必大家都知道什么是《谷物法》了吧，《谷物法》就是限制自由进口谷物，保护英国国内粮食产业的贸易保护政策。那么，限制进口国外的低价粮食真的有益于英国经济发展吗？还是说，自由进口谷物的方法会更胜一筹呢？

就这一问题，李嘉图在1815年发表了研究论文——《论谷物低价格对资本利润的影响》，该论文得出了"自由进口谷物更有利于英国的经济发展"这一结论。我们来看看该论文的详细内容，了解一下得出这个结论的逻辑是什么吧。

首先，我们只有正确理解土地如何产生价

值,才能精准掌握《谷物法》的问题所在。经营者、劳动者、地主的收入是如何产生的?他们的收入又应当如何分配?

地主拥有土地,通过租借土地收取地租,换言之,这里的地租就相当于现在我们租赁办公室、农田、店铺等产生的租金。向地主租地的人希望通过这块土地获得利润,向地主支付地租后剩下的钱就是利润。同样,我们经营公司、工厂、饭店或者种植粮食,支付完租金后,余下的钱就可以看作利润。

然而,除去租金,剩下的钱并不全是利润。为了开展工作,需要雇用劳动者,也要向他们支付工资,留给经营者的利润也会随之减少。

最后,经营者租地建厂、生产、种植、销

售，赚到的钱一部分当作租金交给地主，一部分作为工资付给劳动者，余下的钱才是经营者的利润，见图2-1。

经营者向地主租地、雇用工人进行生产活动后的收益 { 利润 → 经营者； 工资 → 劳动者； 租金 → 地主 }

图2-1　生产活动收益分配

因此，收入就是参与生产活动的所得。经营者以发挥自己的经营能力为代价，劳动者以提供自己的劳动为代价，地主以租借自己的土地为代价，他们各自收获应得的收入。值得注意的是，经营者、劳动者、地主都从土地种植的粮食中获得价值。因此，如果三者中有一个人的收入增加，那么其他人的

> 人们通过参与生产活动获得收入，这就是分配。经过分配活动，人们拥有消费产品和服务的能力。

收入则会减少。

现在我们来看看研究论文的主要部分，看看他们是如何分配收入的。请大家观察一下图2-2，这是面积相同但肥沃程度不同的三块土地。现在，同时耕作三块土地，A土地最肥沃，可以生产150夸脱小麦；其次是B土地，能够生产140夸脱小麦；最后是C土地，只能生产130夸脱小麦。我们设想，这个国家存在地主、

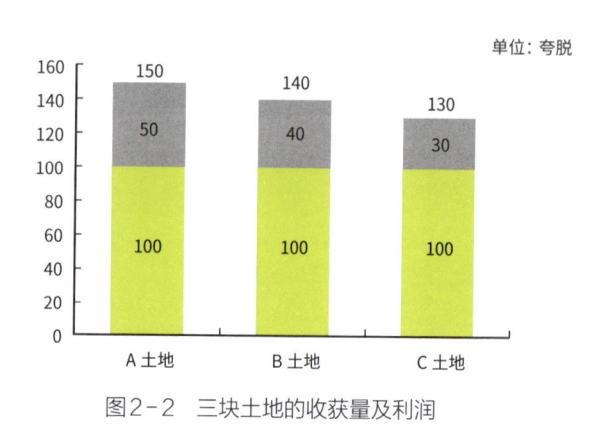

图2-2 三块土地的收获量及利润

向地主租土地的农业生产经营者、劳动者，并且是只生产小麦的单一型经济结构。假设耕种每块土地需要用100夸脱小麦来支付工资。

如果是最肥沃的 A 土地，收获150夸脱小麦后，给劳动者100夸脱小麦作为工资，那么经营者获得的利润是50夸脱小麦。

可能有细心的读者会问，不需要给地主支付地租吗？

是的，世上没有免费的午餐。但我们再假设一下，如果只耕种 A 土地，则可以免付地租。大家可能会感到很诧异，支付地租是理所当然的，为什么要免付地租呢？我们换个角度思考一下，如果经营者没有租用这块土地，那么这块地就会荒废，不能产生任何收益。因此，当经营者租用土地时，从地主的立场出发，即使不收取地租也不会有损失。这样来看，把土地借给经营者时，即便不收取地租也是可以接受的。

> **佃农**
> 佃农是指给地主一定的粮食或钱，借用农地进行耕种的农民。

现在我们再换个角度看看，如果 A 土地由佃农来耕作，可以生产100夸脱小麦。如果交给农业生产经营者，可以生产150夸脱小麦，足足多产50夸脱粮食，这样就能够将100夸脱小麦作为工资付给佃农，剩下的50夸脱作为自己的利润。因此，只耕种 A 土地的情况下，可以不支付地租。

但是，如果这个国家的人口增加，又会出现什么情况呢？仅仅靠 A 土地生产小麦，国家粮食严重不足，国民无法吃饱，最终需要耕种 B 土地，再追加种植小麦。这样一来，以前毫无用处的 B 土地也产生了经济价值。随着在 B 土地展开耕种，A 土地的价值又显现出来。经营者们租用土地进行生产、获取利润，希望比 B 土地生产更多小麦，从而在 A 土地展开竞争。

虽然 A 土地的地主在苦恼，应当把土地租给谁，但实际上问题的答案很明显——谁地租付得多，土地就租给谁。

如此一来，不能再免费租用 A 土地了。经营者也要思考，支付多少地租能租到土地，最后还能获得利润，他们需要比较 A 土地和 B 土地带来的利润及损失。如果是聪明的经营者，他们会这样想：

"耕种 B 土地的话，可以收获 140 夸脱小麦，付完 100 夸脱小麦的工资，利润就是 40 夸脱小麦。如果耕种 A 土地，我的利润是 50 夸脱小麦。想要租用 A 土地的话，只要给地主的地租少于 10 夸脱，利润就能高于 B 土地。"

如果有人为了租到 A 土地，给地主交 5 夸脱小麦的地租，也肯定会有人拿出 6 夸脱小麦来交地租，因为即使给地主交了 6 夸脱小麦，也能比耕种 B 土地多得 4 夸脱小麦。诚然，也会有人出更高的地租来租用 A 土地，因为经营者即便交了地租，最后获得的收益也高于 B 土地。

因此，经营者们争相租用 A 土地，最终租用 A 土地的地租无限向 10 夸脱小麦收敛。

最终，如图 2-3 所示，经营者将 10 夸脱小麦作为地租交给地主，获得的利润为 40 夸脱小麦。那么，此时耕种 B 土地的

> **收敛**
> 将众多意见或思想总结为一个。在数学概念中指分布在特定数量周围的项呈现收敛状态。

经营者是否需要缴纳地租呢?

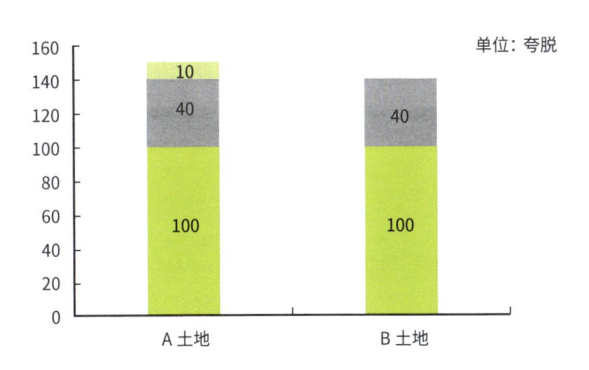

图2-3 两块土地的产量、利润及地租

也许会有人认为应当和只耕种A土地的情况类似,不需要缴纳地租。

没错,按照之前只耕种A土地的逻辑来看,耕种B土地的话,不需要向地主缴纳地租,经营者获得的利润是40夸脱小麦。

现在,该国人口不断增长,需要在C土地耕种。此时,经营者为了租用A土地和B土地

展开了新一轮的竞争，租用 A 土地的竞争愈加激烈。

按照我们前面所说的，现在租用 B 土地也需要缴纳 10 夸脱小麦作为地租。我们需要考虑的是，相比于 B 土地，在 A 土地耕作会产生更多的额外利润，因此，经营者需要向地主支付更多地租来租用 A 土地，地租比 B 土地高 10 夸脱，为 20 夸脱小麦。

最终，A、B、C 三块土地的收获量、利润以及地租如图 2-4 所示，A 土地中的 20 夸脱小麦和 B 土地中的 10 夸脱小麦归地主所有，地主共获得 30 夸脱小麦的地租；A 土地的 30 夸脱小麦、B 土地的 30 夸脱小麦和 C 土地的 30 夸脱

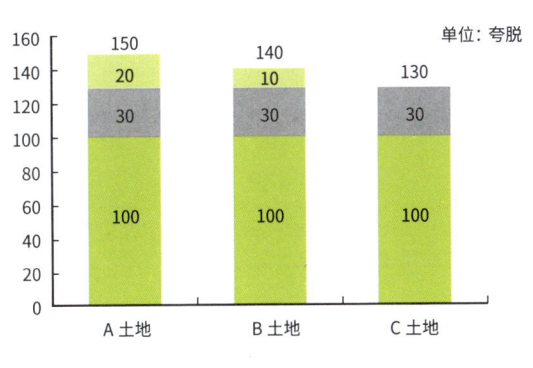

图 2-4　三块土地的产量、利润及地租

小麦归经营者所有，则经营者的利润为90夸脱小麦；劳动者在三块土地上各获得100夸脱小麦，总工资为300夸脱小麦。

地租率及利润率的变化

如果我们进行更深一步的讨论，就能够得出非常重要的结论。虽然上述逻辑看似简单，但是在谈论耕种更多的土地时，其实引出了地主、经营者、劳动者的收入分配变化。

随着土地面积的增加，劳动力单位投入量的报酬增量递减。即便粮食的经营方式和劳动力不变，土地的肥沃度也会下降，因此粮食的产量会下降。

即便可耕种的土地面积越来越大，但随着单位土地面积的产量不断下降，经营者的利润也会逐渐减少。与之相反的是，地主获得的地租却在不断增多。

我们来看一下图2-5，当前面的条件都不变时，经营者开始租用最贫瘠的 E 土地，地主在 A、B、C、D 土地上分别获得40夸脱小麦、30夸脱小麦、20夸脱小麦、10夸脱小麦，总计100夸脱小麦的地租。但是农业生产经营者得到的利润却只有50夸脱小麦，平均每块土地只

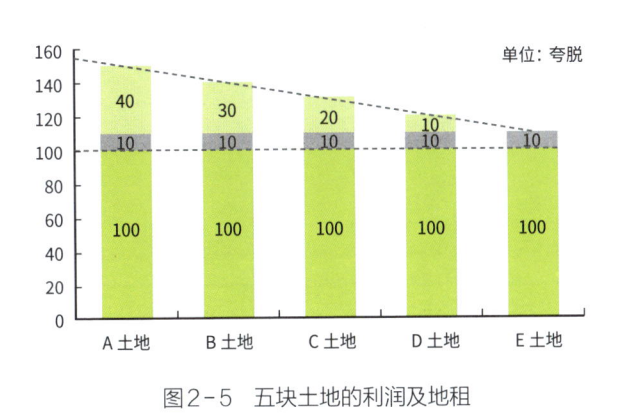

图2-5 五块土地的利润及地租

能获得10夸脱小麦的利润。

大家还记得前面只耕作A、B、C三块土地时的情形吗？若只耕作三块土地，地主获得的总地租是30夸脱小麦，经营者得到的利润却高达90夸脱小麦。我们将图2-4和图2-5中的总产量、工资、地租、利润以及占比进行整理，见表2-1。

表2-1 工资、地租、利润的变化 （单位：夸脱，%）

分类	耕种A、B、C三块土地时 数量	耕种A、B、C三块土地时 占比	耕种A、B、C、D、E五块土地时 数量	耕种A、B、C、D、E五块土地时 占比
总产量	420	100	650	100
总工资	300	71.42	500	76.92
总地租	30	7.14	100	15.38
总利润	90	21.42	50	7.69

根据表2-1我们可以发现，只耕种三块土地时，地租率和利润率分别是7.14%和21.42%；但如果耕种的土地面积增加，耕种五块土地时，地租率增加到15.38%，而利润率下降至7.69%。

最终可以得出结论，随着人口的增加，越多贫瘠的土地被耕作，地主所获的地租越多，经营者所获的利润则会越少。

在李嘉图发表《论谷物低价格对资本利润的影响》这篇论文后，他购置了七块土地，事实证明，他的想法完全正确，也因此大赚了一笔地租，但他并不是为了赚更多的钱才研究这个理论的。

李嘉图希望通过这一理论来向英国国民证明，这就是《谷物法》颁布后他们今后将要面临的现实，以此来说明废除《谷物法》的合理性和进行自由贸易的必要性。

假设人口持续增加，继 E 土地之后，人们还需要耕种 F 土地，那么会出现什么情形呢？显然，地主的地租率进一步增加，而经营者的利润率最终收敛至零，如图 2-6 所示。如果发展到这种情况，经营者为了获取更多利润，就会开始剥削劳动者的工资。

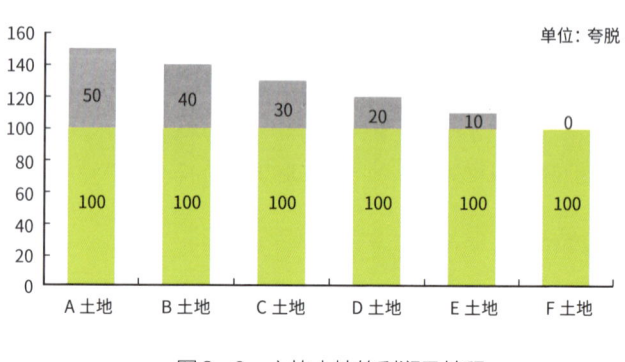

图 2-6 六块土地的利润及地租

如果劳动者仅仅是维持日常生活就需要100夸脱小麦，由于受到经营者的剥削，劳动者的收入可能连100夸脱小麦都不到，可想而知，他们连最基本的生活都无法维系，因此可能引发社会动荡和混乱。地主的利益不会受到损失，但经营者和劳动者将面临如何分配利润的处境。

利润率下降的影响

在地租及利润分配上，得出的结论是，随着耕种的土地越来越贫瘠，地主的地租率逐渐上升，经营者的利润率却逐渐走低。虽然一开始的逻辑非常简单，但经过推理可以得知土地产出的小麦是如何分配给地主、经营者以及劳动者的，从而成为李嘉图支持废除《谷物法》

的理论后盾。

然而,农业领域收入分配问题的研究并没有就此画上句号。正如亚当·斯密所说,农业利润率下降会对其他产业产生影响。因此,农业利润率下降时,其他领域的利润率不可能上升。

我们设想一下,如果耕种的土地越来越多,农业利润率下降,但贸易利润率相对较高。在这种情况下,资本家为了获取更多利润,集中在农业的资本必然会离开土地,转而流向贸易。和农业一样,随着越来越多的资本涌入贸易行业,贸易利润率也会自然而然地下降。再加上从事贸易的人越来越多,贸易行业的竞争愈加激烈,最终贸易利润率也会下降。

这一连锁反应不仅适用于贸易行业,而且

适用于其他行业，最后的结果就是全行业利润率下滑，资本积累率下降，从而导致国家经济整体增速放缓。

因此，基于这一点，李嘉图一直反对《谷物法》，提倡自由贸易。说了这么多，再梳理一下吧。英国政府实行《谷物法》，禁止进口每夸脱80先令以下的小麦，导致英国国内粮食不足，国内粮价高居不下，因此英国国民不得不耕作贫瘠的土地。在这一过程中，地主的地租不断增加，但农业生产经营者的利润率却下降了，从而导致整个农业产业的利润率走低，最终不利于英国整体经济的增长。

为了摆脱上述状况，英国应当废除《谷物

利润率及地租率的变化对经济的影响

①人口增加，粮食需求增多

②由于《谷物法》的限制，逐渐转向耕作贫瘠的土地

③经营者利润率下降，地主地租率上升

④农业利润率走低

⑤其他行业利润率下降，资本积累率下降

⑥经济增长放缓，社会福利减少

法》，进行自由贸易，从他国进口低价谷物。听到这里，不知道大家是否产生了这样的想法呢？

虽然李嘉图一直主张废除《谷物法》，但当时他的好朋友马尔萨斯却极力反对他的观点。

他在《人口论》这本书中主张，人口增加的量总是多于粮食生产的量。因此，值得关注的问题是，为了满足持续增加的人口的生活，需要生产更多的粮食，寻找更多的耕地。

到这一部分，马尔萨斯和李嘉图的逻辑如出一辙，但他却主张继续实行《谷物法》。这看起来或许有些讽刺，因为双方逻辑的出发点相同，但结论却完全相反。

马尔萨斯在《人口论》中又补充了什么观点，为什么他主张继续施行《谷物法》呢？让我们通过后面的内容来揭晓吧。

1815 年，拿破仑远征俄国，最终惨败。
一路走好！回家好好睡一觉吧！
俄国！俄国！
解除“大陆封锁令”，欧洲的低价粮食涌入英国，英国粮价降低。
运到英国去！go，go！
不妙啊。
这样下去，咱俩都会完蛋！
地主
农业资本家
谷物法
禁止进口每夸脱低于80先令的小麦
众则难摧！握紧了！
什么？这样难道不是只有地主获利吗？
农业生产经营者
啧啧，真是一点远见都没有啊。
如果耕种的土地越来越贫瘠，那么农业经营者的利润率就会下降，这将给整个国家的经济蒙上阴霾，这就是地租与利润的分配理论。
你这个老大爷说什么呢！

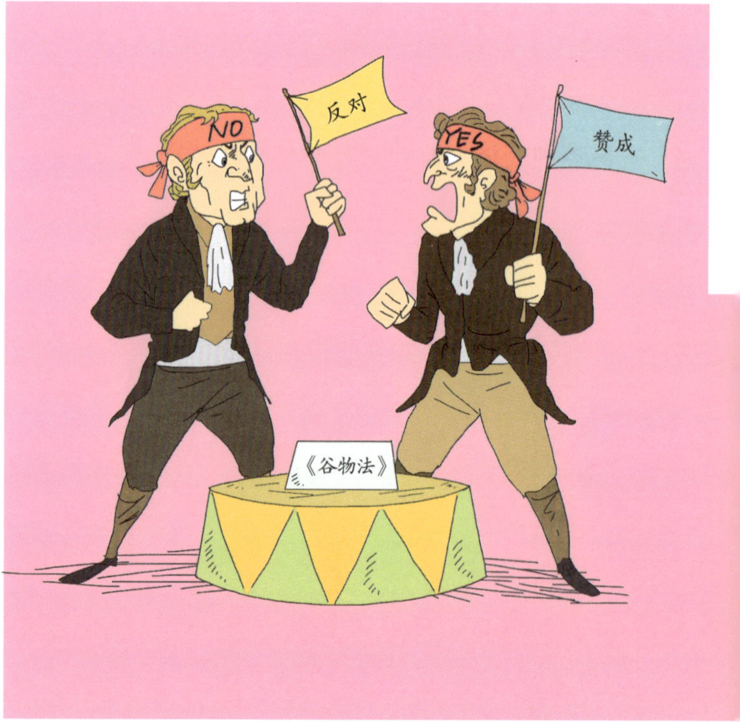
反对
NO
YES
赞成
《谷物法》

第三章

《谷物法》存废之争

李嘉图用逻辑阐述了《谷物法》下资本及利润的分配问题,预感到英国的经济将走向末路,因此主张废除《谷物法》、实施自由贸易以发展英国经济,但马尔萨斯却和他持完全相反的意见。

马尔萨斯：拥护《谷物法》

今天的内容就从介绍李嘉图的朋友——马尔萨斯开始，1798年他因出版了《人口论》而备受瞩目，兴许大家也听说过。

《人口论》主张，"人口呈几何级增长趋势（即按指数增长的趋势，如2，4，8，16，32……），食物供应呈算数增长趋势（即按直线增长的趋势，如1，2，3，4，5，6，7……），如果在自然状态下，人口增长有超过食物供应增长的局势，因此必然会招致贫穷和罪恶。"

人类总人口比粮食能够养活的人口要多得多，相比于降低死亡率或阻止自然作用这些不切实际的努力，更应该促进发展。

——托马斯·罗伯特·马尔萨斯

托马斯·罗伯特·马尔萨斯

马尔萨斯是一名经济学家，但他其实也是位牧师，作为牧师的他，说出这样的想法，未免过于偏激？正因《人口论》的主张过于"辛辣"，马尔萨斯在发行《人口论》第一版时没有公开自己的名字。

马尔萨斯的父亲丹尼尔是一个小地主，家

庭条件优渥，因此马尔萨斯在牛津大学[①]接受了精英式教育，后在东印度大学担任历史和政治经济学教授，学识非常渊博。从这一方面来看，李嘉图和马尔萨斯的经历正好相反。虽然李嘉图自幼跟随父亲从事金融经纪类的活动，但从未正式接受过经济学的教育。

但马尔萨斯认为，要使人们通过道德的禁欲，推迟结婚或保持独身，从而达到抑制人口增长的作用。

马尔萨斯告诫人们要警惕人口增长，很多人认为他只是一名人口统计学家，但他更是一名经济学家。从经济学家的角度出发，马尔萨斯主张贫困和罪恶的根本原因是人口过多，如

[①] 原文为"牛津大学"，经检索，马尔萨斯就读的是"剑桥大学"。——译者注

果不能减少人口,国家经济将遭受巨大的负面影响。生育了多个孩子的劳动者要抚养多个子女,所以不仅无法摆脱贫困,还会给国家带来灾难。如果减少地主利益,提高工人工资,那么他们会生育更多孩子,从而加剧社会问题,因此,绝对不能提高工人工资。

另外,他还认为,为了减少工人的不满,从外国进口低价粮食的做法是错误的,低价粮食会使贫困人口想生更多孩子,这最终也会带来人口增长。

除此之外,进口低价粮食还会减少地主的地租收入,从而导致地主的实际消费降低。马尔萨斯还警告称,地主收入减少,最终会造成国家整体需求减少,从而引发经济危机。就此还展开了"地租论"的相关讨论,认为为了保

障地主利益和国家持续发展，应当继续实行《谷物法》。

供给无法创造需求

随着人口的增长，人们耕种的土地越来越贫瘠，农业的利润率越来越低，关于这一点，李嘉图和马尔萨斯的意见一致。在这一点上，马尔萨斯认为，农业利润率下降，消费随

> **让·巴蒂斯特·萨伊**
>
> 让·巴蒂斯特·萨伊是法国经济学家,继承和整合了亚当·斯密的学说。他主张"生产三要素论",生产中应当结合劳动、资本、自然力(土地)三种要素;提出"销售论",和李嘉图共同反对马尔萨斯的"消费不足理论"。

之萎缩,从而出现商品没人买的现象,即"供过于求"。从马尔萨斯的逻辑来看,相比于供给,他更重视需求。

与此相反的是,相比于需求,还有学者更看重供给的力量。当时一位名叫让·巴蒂斯特·萨伊(Jean-Baptiste Say)的经济学家认为"供给创造需求",这一理论获得了一些学者的支持。根据萨伊的理论可知,劳动、资本、土地等生产要素均是提供给生产的,这些生产要素产生的收入会立即转化为消费,因此,供给就是产生需求的源泉。

参与生产的生产要素会带来同等收入，通过消费等其他方式来消费产品，因此，供给能创造相应的需求，不会产生普遍生产过剩的危机。

——让·巴蒂斯特·萨伊

然而，马尔萨斯和萨伊的主张相反，马尔萨斯认为，产品随时都可能卖不出去，并指出，收入并非是眼下的消费，而是为了未来消费而储蓄的部分，因此，供给无法立刻创造消费。

萨伊：供给创造需求

马尔萨斯：需求创造供给

一言以蔽之，马尔萨斯主张收入并不会全

部转化为消费，因此产品无法完全销售，可能会导致生产过剩。

假设因生产过剩而库存堆积，那么企业则很难持续经营，最终转为减少生产，解雇工人。失业的工人没有收入来源，无法维持原有消费水平，因而消费逐渐萎缩，最终导致企业经营陷入"恶性循环"之中。马尔萨斯警告道，过剩生产带来的恶性循环最后会招致经济危机。

地主的消费能够重振英国工业

马尔萨斯认为，增加内需是提振英国经济最重要的因素。因此，他在著书《论谷物法的影响：地租的性质与发展》(*Observations on the Effects of the Corn Laws, and of a Rise or Fail in the Price of Corn on the Agriculture and General*

Wealth of the Country）和《对限制外国谷物输入政策的意见的根据》(*The Grounds of an Opinion on the Policy of Restricting the Importation of Foreign Corn*)中都谈到，想要增加内需，就必须维持《谷物法》，具体主张如下：

首先，非常时期下，从国家安全的角度来看，依赖外国谷物极其危险。如果从外国进口谷物，那么国内农产业则会衰退。因此，如果与他国发生战争，一旦他国禁止出口谷物，那么国家安全将受到威胁。

其次，废除《谷物法》从两个方面导致内需减少。第一个方面，从欧洲大陆进口廉价谷物，英国粮食价格下降，从而导致土地的耕作变少，这就意味着地主获得的地租减少，从而导致国家整体内需走低。第二个方面，由于进口他国粮食，国内收入流向他国，进一步导致内需下滑。

总而言之，出于上述种种原因，马尔萨斯认为只有确保国内的需求大盘，才能推动英国以工业国家身份持续发展。

李嘉图的反驳

关于维持《谷物法》，马尔萨斯的第一个主张是从"国家安全"这一政治问题出发的，这一主张很难在经济方面找到正确答案，因此我们主要分析一下他的第二个主张。

不知大家是否还记得我们前面所说的，由于《谷物法》的存在限制他国进口低价谷物，那么土地贵族，也就是地主阶级会因此获利，农业经营者和劳动者则必然遭受损失。然而，如果地主的收入增加，整个国家的需求也会因此增加吗？很明显，农业经营者和劳动者的需求才占国家内需的大部分，他们的需求会由于实施《谷物法》而减少。

一般来看，地主等高收入阶层的消费额居高是理所当然的，但从消费趋向来看，地主的消费趋向偏低。因此，虽然地主占有较高的地租收入，但不能将地主消费增加等同于国家整体消费增加。

相反，如果废除《谷物法》，从他国进口低价谷物，劳动者将收入用于购买谷物的数额减少，因此他们消费其他产品的可能性会增加，这也势必提

> **消费趋向**
>
> 消费趋向是指消费开支占收入的比例。家庭通过提供生产要素而获得收入，一部分收入用于目前消费，另一部分作为储蓄用于未来消费。因此，可以认为"收入 = 消费 + 储蓄"。
>
> 消费趋向 $= \dfrac{消费}{收入} \times 100$，
>
> 储蓄趋向 $= \dfrac{储蓄}{收入} \times 100$。

升国民经济消费。我们可以简单比较一下，是1个地主买100件衣服，还是100名劳动者每人买1件衣服的可能性大呢？这是同样的道理。

另外，如果说向他国进口谷物，国内财富会流向他国，从而导致内需减少，那么这一问题完全可以通过自由贸易来解决。废除《谷物法》后，允许自由贸易，其他国家也可以从英国进口产品，那么同理，他国的财富不也能够进入英国吗？

同样，如果与他国进行自由贸易，这反而会刺激国民消费。除此之外，进口低价粮食不仅可以提高农业经营者的利润率，而且使得整个农产品行业的利润率随之提升。这样来看，废除《谷物法》对国家整体来说利大于弊。

由于禁止自由进口他国谷物，英国国内粮价飙升，导致国家向农业分配了大量资源，可见这种资源分配方式并不高效。在这种环境下，人们甚至要耕种更加贫瘠的土地，这将导致农业利润率越来越低。

前面也曾提到过，在利润率走低时，持续

> **无形之手**
> "无形之手"这一概念由英国古典经济学家亚当·斯密提出,他强调市场的价格机制这一"无形之手"的作用。如果市场不受政府干涉,在"无形之手"的作用下,通过自由竞争,资源将得到有效分配。

在农业方面投入更多劳动力、资本、农业机械,这种做法就是浪费国家资源。

实行《谷物法》就是只顾着地主的短期利益,却放弃追求未来更高的利润率和生产效率。如果将资源交给市场这只"无形之手(Invisible Hand)",那么资源将得到有效分配;然而,如果政府通过《谷物法》等手段来干涉资源分配,这将导致资源浪费、生产效率低下,国家发展最终停滞不前。

听到这里,大家更赞同谁的看法?

《谷物法》存废之争,谁胜谁败

有喜欢看足球的读者吗?英国足球队

"曼彻斯特联（Manchester United）"的所在城市——曼彻斯特曾是英国具有代表性的棉织工业中心，当时就是以这里为中心，资本家和劳动者展开了废除《谷物法》运动。

当时李嘉图算是英国社会的中上流人士，在研究地租和利润的分配关系时，购置了土地，成了地主。但出于对农业经营者和普通市民利益的拥护，他主张废除《谷物法》，实行自由贸易。对这一主张，马尔萨斯以《人口论》为理论基础，主张继续实施《谷物法》，维护地主阶级的利益。

李嘉图通过数学模型来证明自己的主张，相比于马尔萨斯的理论更具逻辑性，也更具说服力。最终，在1846年，《谷物法》得以废除，有关《谷物法》的争论也就此告一段落。

虽然在李嘉图去世23年后《谷物法》才被废除，但这场争论也成了确立自由贸易体制的重要契机。

扩展知识

废除《谷物法》的决定性契机
——爱尔兰马铃薯大饥荒

说起马铃薯,大家对这个来源于美洲的食物应该并不陌生,和马铃薯相关的趣事也非常多。例如,普鲁士和奥地利曾因巴伐利亚王位继承开展过长达七年的战争,但普奥双方并未发生大规模战争,因此这场战争也被戏称为"马铃薯战争"。此外,还有诸多绘画作品生动刻画了荷兰下层民众的悲惨现实,如著名画家文森特·凡·高的油画作品《两个挖土豆的农妇》(*Two Peasant Women Digging Potatoes*)、《吃土豆的人》(*The Potato Eaters*)、《静物：土制的碗和土豆》(*Still Life with Potatoes in a Bowl*)，甚至还有小说和歌曲都与马铃薯有关。然而，在众多和马铃薯相关的历史故事中，有一个令人心痛的故事，就是爱尔兰马铃薯大饥荒。

那发生这场饥荒的原因又是什么？事实上，爱尔兰此次饥荒正是由英国引起的。当时，爱尔兰是英国的殖民地，英国的纺织工业不断发展，导致爱尔兰当地的家庭手工业和棉花产业纷纷倒闭，因此，为了保障向英国持续出口，爱尔兰的大部分土地都被用于种植谷物。虽然英国政府颁布了《谷物法》，限制从欧洲大陆进口低价粮食，但爱尔兰作为英国殖民地，在一定程度上可以自由进口谷物。

英国掠夺了爱尔兰种植的大部分谷物,在这种环境下,为了摆脱饥饿,爱尔兰人开始种植马铃薯。爱尔兰三分之一的土地被用于单一栽培马铃薯,虽然产量极高,但这也成了饥荒事件的祸根。果不其然,一种名叫"致病疫霉"的病原体从北美传到欧洲,爱尔兰农场的马铃薯也"无一幸免"。

由于爱尔兰马铃薯饥荒,英国从爱尔兰进口的粮食量不足,便有提议主张从欧洲大陆进口低价谷物。此外,相比于农业、水产业,矿业和工业呈现出划时代性的变化;英国工人阶级迅速成长,开展了宪章运动,这都进一步推动了《谷物法》的废除。最终,英国首相罗伯特·皮尔(Robert Peel)于1846年宣布废除《谷物法》。

嘿！听说李嘉图你四处宣扬废除《谷物法》？
马尔萨斯
倒是你一直主张继续维持《谷物法》？
如果从他国进口低价谷物，那么会增加劳动者的生育率，人口会增加，从而需要耕作贫瘠的土地，导致农业利润率降低。
老婆，奶粉钱又便宜了，我们再生一个宝宝吧？
死鬼！
你们快收拾收拾睡觉！
还生？
没错，目前为止我们的逻辑都是一样的。
然后呢？
之后，地主收入减少，那么地主消费减少，进而导致整个国家的消费需求降低，最后引发经济危机。
为了维护地主利益和国家发展，必须维持《谷物法》！
地主
地主的消费趋向较低，因此他们的消费无法决定国家经济！
是吗？
搅拌 搅拌
和面
如果废除《谷物法》，实行自由贸易，那么别国财富也会进入英国，国民消费不会减少。
看吧，最后还是废除了！
《谷物法》废除

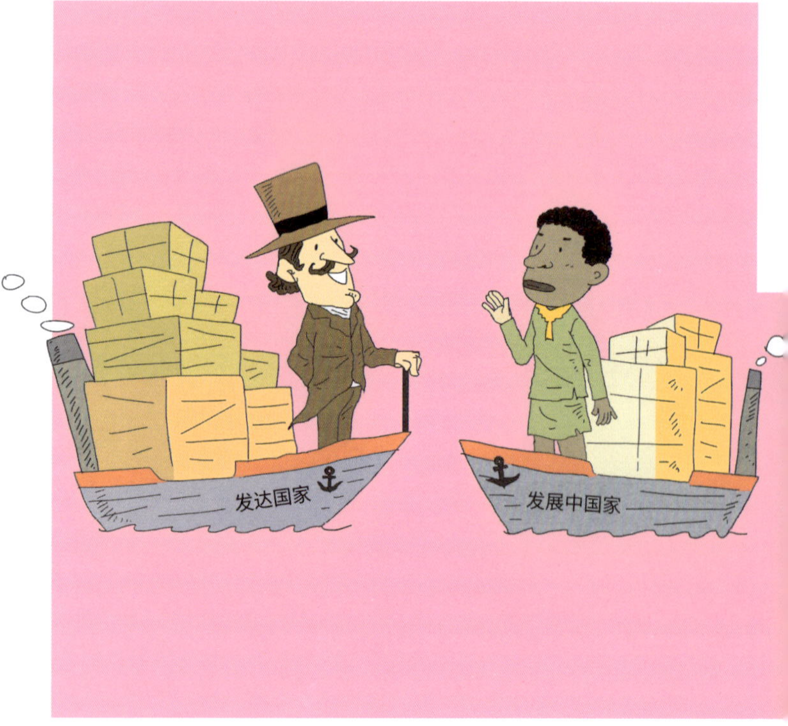

发达国家
发展中国家

第四章

绝对优势理论与比较优势理论

即便一个国家生产的所有产品都处于绝对劣势，只要将相对便宜的产品进行"专业化"生产，仍能实现国际分工和国际贸易。

在有关"自由贸易"的最后一章中，我们来一起了解一下比较优势理论，它主要与资本和利润分配相关，并阐述了自由贸易的必要性。比较优势理论是在亚当·斯密绝对优势理论基础上发展起来的，它进一步探讨了国际分工理论。因此，我们首先来看看亚当·斯密提出的绝对优势理论吧。

亚当·斯密的绝对优势理论

学习绝对优势理论之前，我们不妨先到学

校的操场上观察一下。这时候,肯定会有人感到好奇,学习经济学理论,为什么要到操场上?

事实上,我是希望大家能通过观看足球比赛,更有趣、更容易地掌握"绝对优势"和"比较优势"。好,现在足球比赛已经激烈展开,各位选手的表现也是相当出色,让我们把目光先放到那边身着红色队服的球队上。

我们可以看到,这个球队有一位队员的攻势非常猛,但防守能力较弱,我们暂且称呼他为"火箭";和"火箭"相反,有位球员的防守可谓是"滴水不漏",但进攻能力较差,我们称他为"铜墙"。那么,在这种情况下,应该如何安排"火箭"和"铜墙"的站位,才能让该球队取得最佳战绩呢?

答案很明显了吧，让更擅长进攻的"火箭"担任前锋，让更擅长防守的"铜墙"担任后卫即可。虽然答案一目了然，但即便是如此简单的决定也参照了经济学上的逻辑。

假设，我们让"火箭"和"铜墙"双双负责球队的进攻和防守，事实上两个人都无法胜任这样的角色。如果将两位队员分配到他们擅长的位置，随着比赛的展开，他们进攻和防守能力将分别得到进一步的提高。这正是我们在第一章就提到的"分工"原理。

亚当·斯密在《国富论》中主张的国际分工也与该原理类似，他也认为将"火箭"和"铜墙"安排在他们绝对擅长的位置上，才是球队获胜的最佳决策。

那么，我们将这一理论应用到亚当·斯密

列举的例子中。试想一下，世界上只剩下英国和葡萄牙这两个国家，再进一步假设，英国和葡萄牙只能生产毛呢和葡萄酒。现在，两个国家生产毛呢和葡萄酒分别所需的劳动力见表4-1。

表4-1 生产每单位产品时所需的劳动力

产品	国家	
	英国	葡萄牙
毛呢	100人	110人
葡萄酒	120人	80人

由表4-1可知，英国每生产一单位毛呢需要100名工人，而葡萄牙却需要110名工人；但是英国每生产一瓶葡萄酒需要120名工人，葡萄牙仅需80名工人。

在这种情况下，英国和葡萄牙是应该同时生产毛呢和葡萄酒，还是分别生产一种产品，然后再进行双方贸易呢？

虽然单纯通过数字来看有些困难，但这其中的原理与球队成员的站位完全一致。将球员"火箭"和"铜墙"替换为英国和葡萄牙，而球员的进攻能力和防守能力只是替换成毛呢和葡萄酒而已。

亚当·斯密认为，如果英国和葡萄牙分别只生产毛呢和葡萄酒，两国再相互进行贸易，那么总体上就能生产出更多的产品。原因在于，英国生产一单位毛呢要比葡萄牙少投入10名工人，而葡萄牙生产一瓶葡萄酒要比英国少投入40名工人。

因此，在生产同一产品时，只有比其他国

家投入的生产要素更少，才能证明该国在生产这一产品时具有绝对优势。根据我们前面的假设，可以认为英国在生产毛呢时具有绝对优势，葡萄牙在生产葡萄酒时具有绝对优势。

如果英葡两国不进行贸易，而是各自生产毛呢和葡萄酒，那么英国生产一单位毛呢和一瓶葡萄酒就需要220名工人，葡萄牙则需要190名工人，此时，英葡两国生产的产品均为一单位毛呢和一瓶葡萄酒。

那么，如果两国只生产各自具有绝对优势的产品呢？英国在生产毛呢上具有绝对优势，就将220名劳动力全部投入到毛呢制造中。由于英国生产一单位毛呢所需的劳动力为100名，此时有220名劳动力参与生产，就可以制造出2.2单位毛呢。

第四章 绝对优势理论与比较优势理论

大家可能不太理解这里的2.2单位毛呢是如何计算出来的，我们来看看详细的计算过程。前面说到，英国生产一单位毛呢需要100名工人，用一单位毛呢除以100人，可以知道每名工人生产0.01单位毛呢。因此，如果220名工人投入到毛呢的生产中，用0.01单位毛呢乘以220名工人，可得到总产量为2.2单位毛呢。

在了解这个计算方法后，我们来看看葡萄牙的生产情况。

葡萄牙生产一瓶葡萄酒需要80名工人，同理，每名工人能生产0.0125瓶葡萄酒，如果190名工人参与生产，将生产出2.375瓶葡萄酒，四舍五入后约为2.38瓶葡萄酒。

以上是英葡两国只生产具有绝对优势产品

的假设结果，我们来比较一下两国不进行贸易，只进行自给自足生产的情况。

> **自给自足**
> 自给自足是指不依赖外部提供所需产品，而是自行生产、自行消费。

在自给自足的情况下，两国各自投入的劳动力数量相同，但生产出的产品总量是不同的，合计产量为2单位毛呢和2瓶葡萄酒。然而，将具有绝对优势的产品进行"专业化"生产后，两国合计产量为2.2单位毛呢和2.38瓶葡萄酒，总产量略高于自给自足时的产量。

另外，在英葡两国分别实行"专业化"生产的基础上，如果两国以1∶1的比例交换生产产品，在投入生产的劳动力数量不变的情况下，英国能额外获得0.2单位毛呢，葡萄牙则多获得0.38瓶葡萄酒，两国都得到了更多的利益。表4-2为"自给自足"与"专业化"生产的比较。

表4-2 "自给自足"与"专业化"生产的比较

产品	"自给自足"生产所有产品			"专业化"生产具有绝对优势的产品			"专业化"生产后两国进行贸易		
	英国	葡萄牙	合计	英国	葡萄牙	合计	英国	葡萄牙	贸易收益
毛呢	1单位	1单位	2单位	2.2单位	—	2.2单位	1.2单位	1单位	0.2单位
葡萄酒	1瓶	1瓶	2瓶	—	2.38瓶	2.38瓶	1瓶	1.38瓶	0.38瓶
所需劳动力	220人	190人	410人	220人	190人	410人	410人		

以上就是亚当·斯密所说的"绝对优势"下的国际分工，即将本国具有"绝对优势"的产品进行专业化生产，各国再自由交易这些产

品，贸易各国均能从中获益，这也正是国家间进行贸易的动因。

在亚当·斯密提出该理论前，大部分人倾向于用"重商主义"来解释国际贸易。"重商主义"是第一章提到的内容，我们再来复习一下。

"重商主义"是指将积累国民财富当作建设近代国家的当务之急，同时它也认为国家是有可能在国际贸易中获得利益的。

因此，"重商主义"认为，政府应积极介入民间经济主体的经济活动中，促进出口、抑制进口，只有国家积累足够多的金银等贵重金属，国民财富才能增加。

然而，在"重商主义"

> 生产各产品时，投入的绝对成本并不能代表其机会成本，从这点来看，绝对优势理论的说服力不足。
>
> 所有产品的真正成本并非投入生产的绝对成本，而是机会成本，即生产该产品时，放弃生产其他产品可能带来的价值。

兴盛之时，亚当·斯密强调，相比于"重商主义"下的贸易保护，自由贸易才能有效提升国民财富。如果国家将具有"绝对优势"的产品进行"专业化"生产，自由进行国际贸易，各国将能生产、消费更多产品，国民财富也会随之积累起来。值得一提的是，亚当·斯密的主张打破了当时的常规思想，极为激进。

然而，并非所有国家都拥有处于"绝对优势"的产品，亚当·斯密的国际分工理论并未对这一点进行阐述，这也成了这一理论的"阿喀琉斯之踵"[1]。在这一方面，李嘉图对亚当·斯密

---

[1] 阿喀琉斯之踵（Achilles' Heel），原指阿喀琉斯的脚后跟，现引申为致命的弱点。阿喀琉斯的母亲为了让其练成"金钟罩"，在他刚出生时就将他倒提着浸进冥河。遗憾的是，阿喀琉斯被母亲捏住的脚后跟却不慎露在水外，成了全身唯一一处"死穴"。后来，阿喀琉斯在特洛伊战争中被毒箭射中脚踝丧命。——译者注

的绝对优势理论进行了完善，提出了逻辑性更为完备的比较优势理论，主张自由贸易。

机会成本与比较优势理论

大家还记得我们在前面观察的穿红色队服的足球队吗？现在我们来看看穿蓝色队服的球队吧。在这个球队中同样有两个值得我们关注的球员，一个是进攻和防守都很擅长的"全能"队员，另一个则是进攻和防守都不擅长的"普通"队员。那么，我们现在如何安排这两位球员，才能让蓝色球队取得更好的成绩呢？

这种情况是不是比红色球队更加复杂一点？让"全能"队员做前锋和后卫好像都不错，那"普通"队员就无事可做了？

我们在讨论红色球队时，由于"火箭"和

"铜墙"在进攻和防守方面的实力差距较大，所以很容易确定他们的位置，但蓝色球队的情况并非如此。

前面说到，只要让选手站在他们具有绝对优势的位置上，球队就能获得更高的成绩。但现在，"全能"队员在进攻和防守上都具有绝对优势，但"普通"队员相对来说不具有绝对优势。

那么，我们是不是只需要把"普通"队员安排在他自身相对擅长的位置即可呢？

为了方便大家更好地理解绝对优势理论，我们还是拿前面亚当·斯密提出的英国和葡萄牙的例子来看，但是我会将其他条件稍做改动，请大家竖起耳朵好好听。

同样，我们假设只有英国和葡萄牙两个国

家,且只能生产毛呢和葡萄酒,此时两国投入生产的劳动力数量见表4-3。

表4-3 生产每单位产品时所需的劳动力

产品	国家	
	英国	葡萄牙
毛呢	100人	90人
葡萄酒	120人	80人

在亚当·斯密的绝对优势理论中,葡萄牙生产毛呢需要110名工人,在我们现在的假设中,所需劳动力从110人减少至90人。现在来看,是英葡两国"自给自足"生产更好?还是和前面一样,两国分工生产,一国只生产一种产品后彼此进行贸易更好?

如果根据亚当·斯密的绝对优势理论,从

国际分工的角度来看，此种情况其实不存在分工的必要性。因为在绝对优势理论的逻辑中，只有两国各自将具有"绝对优势"的产品进行"专业化"生产，才能促成国际贸易。

但在上述情况中，葡萄牙在生产毛呢和葡萄酒上均处于绝对优势，而英国则不具备处于绝对优势的产品。因此，李嘉图通过"比较成本说"（Principle of Comparative Cost of Production）阐述了绝对优势理论无法解释的国际分工问题，即比较优势理论。

根据表4-3的假设，英国生产一单位毛呢需要100名工人，如果这100名工人均投入到葡萄酒的生产中，能生产多少瓶葡萄酒呢？大家用我们在绝对优势理论中的计算方法算一下吧。

我们来看一下正确答案，100名工人可以生产0.83瓶葡萄酒。反过来，如果让生产葡萄酒的120名工人来生产毛呢，他们可以生产1.2单位毛呢。

了解了英国的情况，我们来看看葡萄牙吧。葡萄牙生产一单位毛呢需要90名工人，如果这90名工人被安排去生产葡萄酒，他们可以制作1.125瓶葡萄酒；相反，80名工人可以生产一瓶葡萄酒，那他们同样可以生产0.89单位毛呢。整理这些数据我们可以得到表4-4。

表4-4　生产每单位产品时必须放弃的其他产品数

产品	国家	
	英国	葡萄牙
毛呢	0.83	1.125
葡萄酒	1.2	0.89

> 选择某事物就意味着要放弃另外一个，被放弃的选择所产生的价值就是"机会成本"，如果所选事物的价值高于所有被放弃的，则可以认为我们的选择是相当正确的。

大家是否能完全理解表格中的信息呢？事实上，看懂表格的能力也是相当重要的，我们来一起看看吧。表格的题目是"生产每单位产品时必须放弃的其他产品数"，表格中的数字就是生产每件产品的"机会成本"。在毛呢那一行，英国和葡萄牙对应的数字就是各国生产每单位毛呢时，放弃的葡萄酒的产量；同理，在葡萄酒那行，代表英葡两国生产葡萄酒时，放弃生产的毛呢产量。

首先，我们看看英国，0.83代表英国每生产一单位毛呢，需要放弃生产0.83瓶葡萄酒。这一部分我们在前面计算过，制作一单位毛呢，英国须投入100名工人，但这100名工人可以生产0.83瓶葡萄酒。因此，如果英国安排100名工人生产毛呢，就意味着可以获得一单位毛呢，但也需要放弃0.83瓶葡萄酒。

在葡萄酒那一行，1.2就代表英国每生产一瓶葡萄酒需要放弃1.2单位毛呢。同样地，根据我们之前的计算结果可知，英国生产一瓶葡萄酒需要的劳动力是120人，而120名工人可以生产的毛呢是1.2单位。因此，如果英国每多生产一瓶葡萄酒，需要放弃的就是1.2单位毛呢。想必在我这样解释后，大家能够顺着推出葡萄牙的生产所耗费的机会成本了吧。

我们用比较优势理论看看这张表。每生产一单位毛呢，英国需要放弃生产0.83瓶葡萄酒，葡萄牙则需要放弃1.125瓶葡萄酒。很明显，英国在生产毛呢时放弃的葡萄酒数量少于葡萄牙，也就是说，生产毛呢时，英国的机会成本较低。

再看看葡萄酒的情况。生产一瓶葡萄酒，英国需要放弃1.2单位毛呢，而葡萄牙放弃生产的毛呢数为0.89单位。哪个国家生产葡萄酒时的机会成本较低呢？显而易见，是葡萄牙。

正如我们分析的，生产某种产品时，放弃生产其他产品的数量越少，则该种产品就具有比较优势，也就是说，英葡两国具有比较优势的产品分别是毛呢和葡萄酒。

各国生产毛呢和葡萄酒时势必存在一定差异，因此，即便产品在生产中不占据绝对优势，但由于生产差异，产品间一定存在相对优势。这样一来，只需要将处于相对优势的产品进行"专业化"生产，两国同样可以通过贸易

第四章 绝对优势理论与比较优势理论 ◆ 121

获利。

为了确认大家已经完全理解了"比较优势理论",我给大家提一个小问题:发达国家和发展中国家间会有贸易往来吗?

事实上,根据亚当·斯密的绝对优势理论,发达国家和发展中国家没有进行贸易的必要,因为发达国家的所有产品都处于绝对优势,而发展中国家则处于绝对劣势。

不仔细思考的话,大家可能会认为,与发达国家进行贸易,发展中国家根本无法获利,因此两者不会进行贸易。但是,根据比较优势理论,发达国家和发展中国家也能够广

> 比较优势理论阐述了经济能力不同的国家间进行贸易的原理,各国"专业化"生产处于比较优势的产品,再进行贸易,贸易各国就均有利可得。一国的比较优势取决于其生产要素的保有量、技术水平、地理条件等多种因素,近来,知识和技术创新、信息等也成了重要因素。

泛进行贸易，因为发展中国家也存在处于"相对优势"的产品。

因此，比较优势理论就是，发达国家和发展中国家将彼此具有比较优势的产品进行"专业化"生产，从而实现国际分工；若两国进行国际贸易，则贸易双方均能从中获取经济利益。在此之前，大家是否也认为发达国家和发展中国家没有进行贸易的必要呢？实际上，我们只需要换个角度，就能重新看到经济学中的逻辑。

比较优势理论与交换比例

我们再通过英国和葡萄牙的例子来回顾一下比较优势理论吧。如果葡萄牙在生产两种产品上均处于绝对优势，而英国在生产两种产品

> **约翰·穆勒**
>
> 19世纪英国著名哲学家、经济学家,主要著作有《政治经济学原理》(*Principles of political economy with some of their applications to social philosophy*)和《论自由》(*On Liberty*)。穆勒曾有一句名言,"做一个不满足的苏格拉底,远好过做一只满足的猪",和杰里米·边沁的功利主义不同,穆勒认为快乐不仅有数量之分,还有质量之分。

约翰·穆勒

时都处于绝对劣势,此时,两国只需要将各自处于相对优势的产品进行"专业化"生产再彼此贸易,就都能获利。

那么,英国和葡萄牙在这种贸易中究竟能获利多少呢?此外,根据毛呢和葡萄酒交换比例的变化,两国获得的利益又会产生何种差异呢?虽然李嘉图通过比较优势理论说明了国际贸易的产生原因以及形态,但他并未阐述贸易的交换比例、条件以及各国的获利数额,功利主义学家约翰·穆勒则对这些问题进行了详细说明。

下面让我们来一起看看穆勒是如何进一步发展比较优势理论的吧。

假设毛呢和葡萄酒的交换比例为1∶1，这意味着英国出口一单位毛呢，则进口一瓶葡萄酒。另外，两国进行贸易时会产生必要的费用，这里我们假设为0，下面我们通过表4-5来看看各国在贸易中可以获得多少利益。

表4-5 生产每单位产品时所需的劳动力

产品	国家	
	英国	葡萄牙
毛呢	100人	90人
葡萄酒	120人	80人

英国生产一单位毛呢需要100名工人，生

产一单位毛呢后出口到葡萄牙,可以从葡萄牙进口一瓶葡萄酒,相当于只需要100名工人就生产了一瓶葡萄酒。然而,在英国国内,生产一瓶葡萄酒需要120名工人,可知,由于比较优势理论和自由贸易,英国节省了20名工人。

如果让这20名工人参与到毛呢的生产中,则可以额外生产0.2(1单位 $\times \frac{20人}{100人}$)单位毛呢。因此,如果英国专业化生产毛呢后,出口一单位毛呢则可以进口一瓶葡萄酒,英国可以额外获得20名工人带来的劳动价值,即0.2单位毛呢。

同理,如果葡萄牙向英国出口一瓶葡萄酒,则可以进口一单位毛呢,相比本国生产毛呢节省了10名工人。若安排这10名工人生产葡萄酒,能够额外获得0.125(1瓶 $\times \frac{10人}{80人}$)瓶葡萄酒。

因此，如果葡萄牙将葡萄酒的生产"专业化"，出口一瓶葡萄酒，则进口一单位毛呢，额外获得的利益就是10名工人背后的劳动价值，即0.125瓶葡萄酒。

惠及双方的国际交换比例

我们设想一下，如果毛呢和葡萄酒无法以1∶1的比例进行交易，那么英国出口一单位毛呢时，进口多少瓶葡萄酒才能获利呢？同样地，葡萄牙出口一瓶葡萄酒，又需要进口多少单位毛呢才可以得利呢？我们来看看表4-6中的数据。

表4-6 生产每单位产品时必须放弃的其他产品数

产品	国家	
	英国	葡萄牙
毛呢	0.83	1.125
葡萄酒	1.2	0.89

如表4-6所示,英国出口一单位毛呢时,至少要能够进口0.83瓶葡萄酒,才有进行贸易的必要性和可能性。假设英国出口一单位毛呢,进口0.83瓶葡萄酒,那么这与英国自给自足生产葡萄酒没有区别,也不会促进英国与葡萄牙进行贸易。

单单看这枯燥无味的表格的确比较难懂,我再给大家把这部分掰开揉碎了讲一遍。

首先,在英国生产一单位毛呢需要100名工人,如果这100名工人去生产葡萄酒,可以生产0.83瓶葡萄酒。因此,100名工人带来的劳动价值是具有比较优势的一单位毛呢,或是0.83瓶葡萄酒。如果英国放弃生产葡萄酒,专门生产毛呢,那么在出口毛呢时,获得的葡萄酒的数量应当比放弃的葡萄酒的数量多,英国才能从中获利,才有进行贸易的可能。换句话说,英国出口一单位毛呢时,获得的葡萄酒的数量要大于0.83瓶才能获得经济利益。

这样解释后,大家是否能更容易理解了呢?下面我们结合"劳动价值论"(指商品的价值由生产该商品的劳动来决定)再来看看。

英国生产一单位毛呢需要100名工人,则一单位毛呢具有100名工人的劳动价值。如果这100名工人投入葡萄酒的生产中,可以生产

0.83瓶葡萄酒。因此，我们可以认为0.83瓶葡萄酒和1单位毛呢的价值是等同的。那么在"劳动价值论"中，英国出口一单位毛呢，只有进口葡萄酒的数量超过0.83瓶时，英国才能获利。

在英葡贸易中，可以让英国获利的交换比例为：

英国生产的每单位毛呢与葡萄酒的交换比例 = 葡萄酒 / 毛呢 > 0.83

了解了英国的情况，我们来分析一下葡萄牙的获利情况。葡萄牙生产一瓶葡萄酒需要放弃0.89单位毛呢，因此，葡萄牙出口一瓶葡萄酒，至少要进口0.89单位毛呢才能获利。

那么在"劳动价值论"中要怎么解释呢？葡萄牙生产一瓶葡萄酒需要80名工人，如果这

80名工人投入毛呢的生产中，可以生产0.89单位毛呢，则1瓶葡萄酒和0.89单位毛呢的价值是相同的。

同理，在英葡贸易中，葡萄牙获利时的交换比例如下：

葡萄牙生产的每瓶葡萄酒与毛呢的交换比例 = 毛呢/葡萄酒 > 0.89

因此，英葡两国进行贸易时，为了保证贸易双方均能获利，产品的交换比例应当在上述比例的范围内。但这里又出现了新的问题——英国和葡萄牙的交换基准物不同，英国的交换基准是一单位毛呢，而葡萄牙的基准则是一瓶葡萄酒。无论是以毛呢为基准，抑或是以葡萄酒为基准，都能找到有利于英葡两国的交换比例，这里我们先以毛呢为标准来探讨。

葡萄牙之前是以葡萄酒为标准的,若将其转化为以毛呢为标准,则葡萄酒/毛呢<1/0.89≈1.124。统一交换基准后,现在我们将英国和葡萄牙的交换比例进行整理,可以得到有利于英葡双方的交换比例。

英国生产的每单位毛呢与葡萄酒的交换比例=0.83<葡萄酒/毛呢<1.124

交换每单位毛呢时,葡萄酒的交易量为

交换比例区间

0.83～1.124瓶时对英国和葡萄牙都有利，两国可在该交换区间内进行自由贸易。

但如果葡萄酒的交易量不在该范围内，又会出现何种状况呢？大家可以观察一下图4-1中的坐标轴。

横轴表示毛呢，纵轴表示葡萄酒，A线和B线分别是葡萄牙和英国，这两条直线表示英葡两国的机会成本，也就是在生产某种产品时必须放弃的其他产品数量。

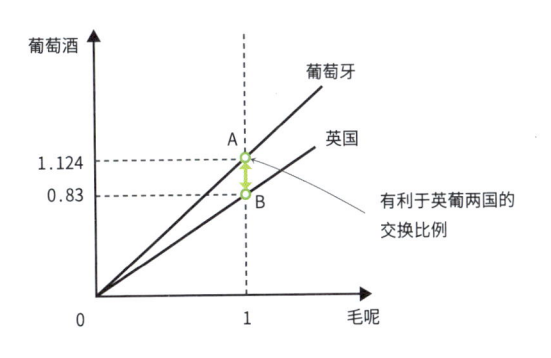

图4-1 英国与葡萄牙的交换比例

第四章 绝对优势理论与比较优势理论

> **规模报酬**
>
> 规模报酬也称"规模收益",当投入的生产要素增加100%时,产量也同样增加100%,即产量增加的比例等于各生产要素增加的比例时,这种情况就是"规模报酬不变"。当产量增加的比例大于生产要素投入的比例时,就是"规模报酬递增";相反,产量增加比例小于生产要素投入比例时,就是"规模报酬递减"。

我们先看英国,生产一单位毛呢需要100名工人,而100名工人所产生的价值也相当于0.83瓶葡萄酒。

但此时需要注意的是,虽然产量增加,但生产率是固定的,即"规模报酬不变(constant returns to scale)",也就是说,产量增加,但放弃生产的产品比例是固定不变的,这也解释了图4-1中为什么英国和葡萄牙的交换比例呈直线。

从图4-1中可以看到,葡萄牙的直线在英国的直线上方,这意味着生产一单位毛呢时,葡萄牙支付的费用高于英国。因此,可以解释为，在毛呢的生产上，直线倾斜度小、机会成本低的英国具有比较优势。

那么，我们如何根据图4-1来确定英葡两国的交换比例呢？大家可以看到A、B两点，点A和点B间的数值就是一单位毛呢与葡萄酒的交换比例。换句话说，只有英葡两国的交换比例在点A和点B之间，英葡两国才能在贸易中获得利益。交换比例越靠近点A，英国获利越大；同理，交换比例越靠近点B，则葡萄牙获利越大。当两国的交换比例超出点A和点B的范围时，两国中必有一国无法获得利益，也就不可能产生贸易活动。

比较优势理论的局限性

根据前面的假设和推理，我们可以整理出

比较优势理论成立时的基本前提：

> **＜比较优势理论的基本假设＞**
>
> （1）两国只生产两种同等质量的产品。
>
> （2）在各产品的生产中，劳动力是唯一的生产要素，根据"劳动价值论"，产品价值由投入生产的劳动力数量决定。
>
> （3）劳动力能在本国各产业间自由流动，但无法在国际间流动。
>
> （4）产量变化，但生产率固定不变。

大家还记得我们最开始在比较优势理论中做出的假设吗？假设英国和葡萄牙两个国家只生产毛呢和葡萄酒这两种产品，并且比较优势理论中默认两国的产品质量相同，从而将其作为国际贸易的前提。

事实上，全球存在众多国家和地区，各国、各地区生产的产品也是多种多样的。但是，为了分析最基础的原理，我们在理论推断中将复杂的现实世界简单化了。在李嘉图提出比较优势理论时，国际贸易的发达程度远不如今日，因此将各国贸易进行了单一化假设，希望大家能注意到这一点。

首先，第一个假设要求两个国家生产的产品是同等质量的。如果英国生产的葡萄酒比葡萄牙优质，英国会与葡萄牙进行贸易吗？显然不会。因此，要说明比较优势理论，应以各国生产每单位产品的劳动力差异为前提。

其次，第二个假设则要求劳动力是唯一的生产要素，并根据"劳动价值论"讨论产品的价值。然而，机械或工具等其他生产要素也间接参与了劳动生产,对生产产生了影响。事实上,相比于劳动力,其他生产要素对生产的贡献越来越大,资本、技术等也被看作相当重要的生产要素。此外,过去从未进入人们视野的社会性生产要素也不断涌现,人们对它们的关注也持续提高,如经营管理、信赖度、文化、民族性等。

现在我们来看第三个假设,这里假设:劳动力作为代表性的生产要素,能够在本国企业间完全自由地流动,却无法在国际间流动。

例如,在英国专业化生产毛呢时,种植葡萄、制作葡萄酒瓶的劳动力能够毫无限制地流入毛呢制造业。然而,在实际生活中,这些工人在完全进入毛呢制造业之前以及他们在纺织厂中学习新技术的过程,都会产生大量社会费用,他们也可能经历短暂失业的痛苦。

当时的技术水平较低,即便工人们没有专门接受培训,也能够直接在工厂参与生产。因此,我们需要考虑到当时进入其他产业的容易度以及数量急速增长的工作岗位。

在高度发展的现代社会,劳动力、资本甚至土地的国际流动都愈加自由。和家人在附近的餐厅里吃饭时,见到外国服务员也早已不是新鲜事。

最后,第四个假设提到,即使生产量增加,生产率却保持不变,也就是"规模报酬不变"。在实际经济中,随着产量增加,生产率可能提高,亦可能降低,其

> **规模经济**
> 随着生产规模的扩大,长期来看,生产的平均成本减少,收益增加,即"规模经济";相反,当经济规模超过一定程度,边际成本持续增加时,就是"规模不经济"。

中，生产率随产量增加的情况就是"规模经济（Economies of Scale）"。在规模经济中，生产量增加，单位生产成本减少，收益增加，即大规模生产带来一定的经济效益，如图4-2所示。

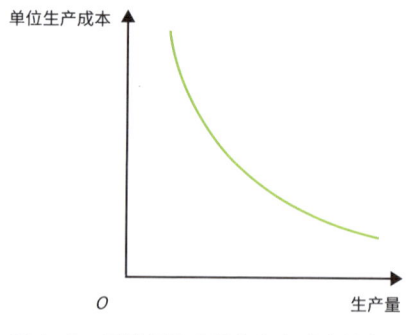

图4-2 规模经济中单位生产成本的变化

例如，英国最初生产一单位毛呢需要100名工人，随着产量的增加，生产技术愈加熟练，就会出现"规模经济"，发展至生产一单位毛呢只需要90名工人，这种情况就是"规模报酬增加"。

大家还记得前面表示"英国与葡萄牙交换比例"的坐标轴吗？在坐标轴中，A、B两条线代表的是英葡两国的机会成本，也正是由于假设两国的规模报酬不变，所以这两条线呈直线。然而在实体经济中，规模报酬并非固定不变。

除此之外，还有比较优势理论中没有提及的内容——产生比较优势的原因。在比较优势理论中，由于两国的生产效率不同，从而产生比较优势，但并没有阐明两国生产效率出现差异的原因。

以上例子并没有指出为何英国在生产毛呢上具有比较优势，同样地，也没有说明为何葡萄牙生产的葡萄酒更便宜。因此，对于比较优势理论中缺失的部分，有诸多学者对其进行了讨论。

因此，通过上述分析可以知道，将比较优势理论应用到实体经济时，会产生各种疑问和问题。然而，比较优势理论的重要性是不容反驳的，它充分说明了"进行国际贸易的原因"以及"如何进行国际贸易"，打开了国际自由贸易理论的先河，在众多关于自由贸易的争论中，它仍旧是一把强大的武器。

扩展知识

《星际争霸》与机会成本

在李嘉图的比较优势理论中,因生产毛呢而放弃生产的葡萄酒即"机会成本";同理,生产葡萄酒而放弃生产的毛呢也是。但"机会成本"并不仅仅是经济学概念,在一款名为《星际争霸(Star Craft)》的游戏中同样可以见到它的身影。

《星际争霸》是由美国暴雪娱乐公司(Blizzard Entertainment)发行的一款游戏,也正是由于这款游戏,暴雪娱乐从一家小型游戏公司跃升为国际游戏企业。《星际争霸》之所以能风靡全球，正是由于它灵活运用了"机会成本"这一经济学核心原理。

《星际争霸》是一款即时战略游戏，玩家可以通过不同的建造顺序（Build Orders），使用多种战略来支配资源和时间。下面我们通过游戏中"失落神庙（Lost Temple）"这张地图来观察一下吧。

在游戏中，两位玩家分别获得8个单位的矿，这8个单位的矿可以提取出1500单位的矿物质和5000单位的气体（Gas），两位玩家需要在同样的时间中从同样的起始资源通过不同的策略获取更多货币和战斗资源来取胜。

例如，一位玩家已经制造了第7台SCV

（Space Constructor Vehicle）[1]，这位玩家下一步打算用100个单位的矿制造补给站（Supply Depot）来进行更多生产，还是用50个单位的矿搭建兵营（Barracks）来生产具有攻击性能的机枪兵（marine）。玩家需要思考获胜的最佳战略，也正是这种思考大大增加了游戏的趣味性。

在不限制资源、气体容量的地图模式下，玩家可以搭建大量补给站和兵营，无限生产机枪

《星际争霸》中的机会成本

---

[1] 《星际争霸》中的某种人族兵种，游戏中称为"SCV"，是一种智能机器人。——译者注。

兵，但是在失落神庙地图中，玩家需要在规定时间内高效利用有限资源来获取胜利，这正需要利用游戏中隐藏的经济原理——机会成本。

机会成本的定义是"面临多种方案而择一选择时，被舍弃的选项中的最高价值者"。在做出选择时，我们能获得这一选择带来的满足感，同样也需要为被舍弃的选择付出相应代价，因此，我们需要将机会成本最小化，从而做出合理选择。

扩展知识

劳动价值论

如果谈到托马斯·霍布斯（Thomas Hobbes）和约翰·洛克（John Locke），大部分首先想到的应该是"社会契约论"。社会契约论的主张以17—18世纪的英法为中心，提出人生而自由平等，国家是人民契约的结合体。

除此之外，这些学者还对劳动价值论进行了深入研究，如"产品价值是由什么决定的"以及"产品价值是凝结在产品中的社会劳动"等问题。

直到亚当·斯密提出"劳动价值论",才确立了产品价值由外部投入生产的劳动量决定的理论。亚当·斯密的《国富论》中提到,人们只能通过分工进行交换,此外,当人与人之间进行交换时,交换比例是由产品价值决定的。产品的价值可以分为使用价值和交换价值,使用价值为产品本身具有的实用性,交换价值则是买方对商品的需求。他认为使用价值是产品价值的重要尺度,因为产品的使用价值中凝结着必要的社会劳动。

使用价值或任何有用之物之所以拥有价值,是因为它是抽象劳动的再现,决定价值大小的尺度就是产品内部所凝结的劳动时间。

——亚当·斯密

对于亚当·斯密的劳动价值论，有人以批判的角度指出，投入劳动生产的机械或工具等资本也能决定产品价值。劳动价值论由李嘉图进一步发展，他认为，产品价值也可以由投入的资本决定，但投入资本是人类通过间接劳动创造的，因此他主张产品的价值取决于生产所必需的相对劳动量。

此后，李嘉图的劳动价值论被马克思（Karl Heinrich Marx）批判继承，马克思提出，只有人类劳动才能创造价值，具体劳动创造使用价值，抽象劳动形成价值。

要想获得贸易顺差，应该怎么办？
要鼓励出口，抑制进口。
说得好！只有多出口，才能积累足够多的金银，从而增加国民财富！
重商主义
亚当·斯密
我有一言请您静听。相比于贸易保护，自由贸易才能有效积累国民财富。
国富论
我不买书！
每个国家将本国具有绝对优势的产品进行专业化生产，再互相自由贸易。
简直一派胡言！
根据比较优势理论，发展中国家也能与发达国家进行贸易！
我想在亚当·斯密老师的基础上再补充几句。即使不存在处于绝对优势的产品，哪怕将处于相对优势的产品进行专业化生产，两国也能在国际贸易中获利。
比较优势理论
我们卖葡萄酒
我们卖芝士
我们也能过上好日子吗？

结语

通过自由贸易积累国民财富

虽然李嘉图的家庭在英国属于富裕阶层，但他作为下议院议员仍为普通群众的权利和自由做出了一系列努力。他积极参与农业、贫民救济、关税及自由贸易等相关法案的制定，主张废除《谷物法》。此外，他通过地租和利润论来说明，废除《谷物法》可以防止农业经营者利润率下降。

李嘉图支持废除《谷物法》，他认为进口低价粮食虽然会减少地主的地租收入，但能提高农业经营者的利润率，促进产业资本积累，从而推动国家经济发展。

《谷物法》的存废之争不单单是地主与农业经营者的利益之争。李嘉图之所以就《谷物法》与马尔萨斯展开了激烈争论，是因为《谷物法》的废除是进行自由贸易必不可少的逻辑依据。

工资和利润是此升彼降的，只有工资下降，利润才能提高，必需品的价格才会下降。因此，若能扩大与他国的贸易或改进生产机器，以低价出售工人的食品和必需品，利润就会上升。

——《政治经济学及赋税原理》第七章

李嘉图通过比较优势理论，说明了自由贸易的益处。根据机会成本的相关理论，将具有相对优势的产品进行专业化生产，再进行国际贸易，两国均能从中获利。

此外，比较优势理论也从数学的角度证明了发达国家与发展中国家进行国际贸易的可能，并且两国都能受益。虽然李嘉图的理论是建立在假设基础上的，要反映现实经济情况还存在一定局限性，但目前为止它仍旧是支撑自由贸易的基本理论。

当贸易完全自由时，各国现有的劳动力和资本足够为该国带来最大限度的利益。同样地，各国为了追求本国财富，也会促进全球经济发展。由于劳动将会最有效、最经济地分配，因此个别逐利行为会推动产业发展，让现有的资源和能力得到高效利用。

自由贸易能够将经济整体产量进行分配，每个个体均能从中获益。此外，自由贸易作为一个共通的纽带,将世界各国联系起来,彼此理解、进行贸易。

回顾历史,我们也能够发现,在某些时期一些国家为保护和发展本国产业,或者在经济危机之后,为解决本国失业问题,会实施贸易保护政策。但不可否认的是,自由贸易仍是大势所趋。在自由贸易的大潮下,理解李嘉图所说的"自由贸易"理论,并始终贯彻自由贸易,将成为全球化时代的基础条件。

国家出面保护企业或个人发展的时代已成为过去,现在各个企业和个人都面临着越来越激烈的竞争。希望大家能发现自己的核心能力,并不断加强这一能力,让其成为在各个领域都具有的相对优势,从而在国际竞争中拥有自己的一席之地。

结语　通过自由贸易积累国民财富